CONTRATOS ADMINISTRATIVOS

TEORIA E PRÁTICA
NA NOVA LEI DE LICITAÇÕES

CAIO FELIPE CAMINHA DE ALBUQUERQUE

CONTRATOS ADMINISTRATIVOS
TEORIA E PRÁTICA NA NOVA LEI DE LICITAÇÕES

Belo Horizonte

2023

© 2023 Editora Fórum Ltda.

É proibida a reprodução total ou parcial desta obra, por qualquer meio eletrônico, inclusive por processos xerográficos, sem autorização expressa do Editor.

Conselho Editorial

Adilson Abreu Dallari
Alécia Paolucci Nogueira Bicalho
Alexandre Coutinho Pagliarini
André Ramos Tavares
Carlos Ayres Britto
Carlos Mário da Silva Velloso
Cármen Lúcia Antunes Rocha
Cesar Augusto Guimarães Pereira
Clovis Beznos
Cristiana Fortini
Dinorá Adelaide Musetti Grotti
Diogo de Figueiredo Moreira Neto (*in memoriam*)
Egon Bockmann Moreira
Emerson Gabardo
Fabrício Motta
Fernando Rossi
Flávio Henrique Unes Pereira
Floriano de Azevedo Marques Neto
Gustavo Justino de Oliveira
Inês Virgínia Prado Soares
Jorge Ulisses Jacoby Fernandes
Juarez Freitas
Luciano Ferraz
Lúcio Delfino
Marcia Carla Pereira Ribeiro
Márcio Cammarosano
Marcos Ehrhardt Jr.
Maria Sylvia Zanella Di Pietro
Ney José de Freitas
Oswaldo Othon de Pontes Saraiva Filho
Paulo Modesto
Romeu Felipe Bacellar Filho
Sérgio Guerra
Walber de Moura Agra

Luís Cláudio Rodrigues Ferreira
Presidente e Editor

Coordenação editorial: Leonardo Eustáquio Siqueira Araújo
Aline Sobreira de Oliveira

Rua Paulo Ribeiro Bastos, 211 – Jardim Atlântico – CEP 31710-430
Belo Horizonte – Minas Gerais – Tel.: (31) 99412.0131
www.editoraforum.com.br – editoraforum@editoraforum.com.br

Técnica. Empenho. Zelo. Esses foram alguns dos cuidados aplicados na edição desta obra. No entanto, podem ocorrer erros de impressão, digitação ou mesmo restar alguma dúvida conceitual. Caso se constate algo assim, solicitamos a gentileza de nos comunicar através do *e-mail* editorial@editoraforum.com.br para que possamos esclarecer, no que couber. A sua contribuição é muito importante para mantermos a excelência editorial. A Editora Fórum agradece a sua contribuição.

Dados Internacionais de Catalogação na Publicação (CIP) de acordo com ISBD

A345c
    Albuquerque, Caio Felipe Caminha de
        Contratos administrativos: teoria e prática na Nova Lei de Licitações / Caio Felipe Caminha de Albuquerque. - Belo Horizonte : Fórum, 2023.

        175 p. ; 14,5cm x 21,5cm.

        ISBN: 978-65-5518-519-5

        1. Direito. 2. Direito administrativo. 3. Contratos administrativos. 4. Licitações. I. Título.

        CDD 341.3
        CDU 342.9

2023-388

Elaborado por Vagner Rodolfo da Silva - CRB-8/9410

Informação bibliográfica deste livro, conforme a NBR 6023:2018 da Associação Brasileira de Normas Técnicas (ABNT):

ALBUQUERQUE, Caio Felipe Caminha de. *Contratos administrativos*: teoria e prática na Nova Lei de Licitações. Belo Horizonte: Fórum, 2023. 175 p. ISBN 978-65-5518-519-5.

À minha esposa querida e à minha filha,
que dão sentido a tudo que faço nesta vida.

Tudo vale a pena se a alma não é pequena

Fernando Pessoa

SUMÁRIO

APRESENTAÇÃO 15

CAPÍTULO 1
TEORIA GERAL DOS CONTRATOS
ADMINISTRATIVOS 17
1.1   Conceito 17
1.2   Fundamentos dos contratos administrativos 19
1.3   Características dos contratos administrativos 20
1.3.1   Bilateralidade 21
1.3.2   Comutatividade 22
1.3.3   Pessoalidade 22
1.3.4   Formalismo 23
1.3.5   Natureza de contrato de adesão 25
1.3.6   Finalidade pública e função social 26
1.3.7   Regime jurídico de direito público 27
1.4   Prerrogativas da Administração Pública nos contratos
          administrativos 30
1.4.1   Prerrogativas, não "cláusulas exorbitantes" 31
1.4.2   Prerrogativas contratuais em espécie 33
1.4.2.1   Alteração unilateral 34
1.4.2.2   Rescisão unilateral 35
1.4.2.3   Fiscalização 35
1.4.2.4   Aplicação de sanções 36
1.4.2.5   Ocupação provisória 36
1.5   A interpretação dos contratos administrativos 37
1.6   O contrato administrativo sob a perspectiva econômica 38

CAPÍTULO 2
FORMALIZAÇÃO DOS
CONTRATOS ADMINISTRATIVOS 43
2.1   Procedimento para a formalização dos contratos 43

2.1.1	Convocação dos licitantes remanescentes	45
2.2	Requisitos essenciais dos contratos administrativos	46
2.2.1	Cláusulas necessárias em todo contrato	46
2.2.1.1	Cláusula de cessão de direitos patrimoniais	47
2.2.1.2	Omissão de cláusula obrigatória	48
2.2.1.2.1	Omissão de cláusula obrigatória e a Doutrina Christian	49
2.2.2	Portal Nacional de Contratações Públicas	50
2.2.3	Instrumentos equivalentes ao contrato	51
2.2.4	Contratos verbais com a Administração Pública	52
2.2.5	*Blockchain* e contratos inteligentes	53
2.3	Garantias contratuais	55
2.3.1	Regramentos específicos do seguro-garantia	57
2.3.1.1	Cláusula de retomada no seguro-garantia	57
2.4	Alocação de riscos e matriz de riscos	58
2.4.1	Formulação da matriz de riscos	60
2.4.2	As fragilidades da matriz de alocação de riscos e proposições de mitigação	64
2.4.2.1	Utilização de metodologias predefinidas e adaptáveis	68
2.4.2.2	Adoção de práticas que favoreçam o acúmulo de dados estatísticos	69
2.4.2.3	Matriz de riscos dinâmica	70
2.4.2.4	Matriz de riscos integrável	71

CAPÍTULO 3

DURAÇÃO DOS CONTRATOS		73
3.1	Duração e vigência dos contratos administrativos	73
3.2	Duração de contratos de serviços e fornecimentos contínuos	73
3.2.1	Caracterização da continuidade de serviços e fornecimentos	74
3.2.2	Estabelecimento do prazo de duração e requisitos para manutenção do contrato	75
3.3	Contratos com duração estendida	76
3.3.1	Contratos de eficiência e contratos que gerem receita	76
3.3.2	Contratos com operação continuada de sistemas estruturantes de tecnologia da informação	77
3.3.3	Contratos sob o regime de fornecimento e prestação de serviço associado	77

3.3.4	Outros contratos com duração estendida	78
3.3.4.1	Contratos previstos em legislação especial	79
3.4	Contratos com duração indeterminada	80
3.5	Contratos por escopo	80
3.6	Prorrogações dos contratos	82
3.6.1	Requisitos para a prorrogação contratual	83
3.6.2	Discricionariedade nas prorrogações e inexistência de direito adquirido às regras de prorrogação	86

CAPÍTULO 4
EXECUÇÃO DOS CONTRATOS ADMINISTRATIVOS 89

4.1	Execução do objeto contratual	89
4.1.1	Retardamentos, paralisações e suspensões	90
4.1.2	Inexecução contratual e suas consequências	91
4.1.2.1	Penalidades aplicáveis pela inexecução contratual	92
4.1.2.1.1	Advertência	93
4.1.2.1.2	Multa	94
4.1.2.1.3	Impedimento e inidoneidade para licitar e contratar	94
4.1.2.1.3.1	Reabilitação do contratado punido	96
4.1.2.1.4	Cumulação de penalidades	97
4.1.2.1.5	Procedimentos para a aplicação das sanções administrativas	97
4.1.2.1.6	Desconsideração administrativa da personalidade jurídica	98
4.2	Execução por subcontratação	100
4.2.1	A escolha do subcontratado	102
4.3	Obrigações do contratado na execução do contrato	103
4.4	Responsabilidades do contratado na execução do contrato	104
4.4.1	Aplicabilidade do Código de Defesa de Consumidor aos contratos administrativos	105
4.4.2	Responsabilidades por encargos decorrentes da execução contratual	107
4.5	Fiscalização do contrato	107
4.5.1	Contratação de terceiros para auxiliar na fiscalização	109
4.6	Pagamentos	110
4.6.1	Remuneração variável	110
4.6.2	Pagamento antecipado	111

4.6.3	Compensações	112
4.6.4	Retenção de pagamentos	113
4.7	Recebimento do objeto contratual	115

CAPÍTULO 5
ALTERAÇÕES DOS CONTRATOS E DOS PREÇOS 119

5.1	Formas de alteração dos contratos administrativos	119
5.1.1	Alterações unilaterais	120
5.1.1.1	Limites percentuais às alterações unilaterais	121
5.1.1.1.1	Exceção aos limites percentuais às alterações unilaterais	122
5.1.2	Alterações bilaterais	123
5.2	Aditivos contratuais	124
5.2.1	Antecipação dos efeitos do aditivo	125
5.3	Apostilas	125
5.4	Alterações para a manutenção do equilíbrio contratual	126
5.4.1	Significado do equilíbrio contratual	126
5.4.1.1	Conteúdo do equilíbrio econômico-financeiro	128
5.4.2	Causas que afetam o equilíbrio contratual: áleas contratuais	129
5.4.2.1	Álea ordinária	131
5.4.2.2	Áleas administrativas	131
5.4.2.2.1	Alteração unilateral e fato da Administração	132
5.4.2.2.2	Fato do príncipe	133
5.4.2.3	Áleas econômicas	134
5.4.3	Mecanismos para manutenção ou recomposição do equilíbrio econômico-financeiro	136
5.4.3.1	Reajuste	137
5.4.3.1.1	Ausência de previsão expressa da cláusula de reajustamento	138
5.4.3.1.2	Escolha do índice de reajustamento	138
5.4.3.2	Repactuação	140
5.4.3.2.1	Solicitação da repactuação	141
5.4.3.2.2	Datas-base da repactuação	142
5.4.3.3	Reequilíbrio econômico-financeiro	143
5.4.3.3.1	Requisitos para a concessão do reequilíbrio contratual	144

5.4.3.3.2 Reequilíbrio econômico-financeiro em favor da
Administração Pública 145
5.4.3.3.3 Reequilíbrio e reajustamento 146

CAPÍTULO 6
HIPÓTESES DE EXTINÇÃO E NULIDADES DOS
CONTRATOS ADMINISTRATIVOS 149
6.1 Extinção dos contratos administrativos 149
6.1.1 Extinção unilateral pela Administração Pública 150
6.1.1.1 Consequências da extinção unilateral 151
6.1.2 Extinção consensual do contrato 152
6.1.2.1 Direito do contratado à extinção contratual 152
6.1.3 Extinção do contrato determinada por terceiro 154
6.2 Nulidades contratuais 155
6.2.1 Regime interpretativo da LINDB e os contratos
administrativos 157
6.2.2 O caráter indeterminado do conceito de "interesse
público" 158
6.2.3 Saneamento e convalidação 159
6.2.4 Efeitos da declaração de nulidade do contrato
administrativo 161

CAPÍTULO 7
MEIOS ALTERNATIVOS DE RESOLUÇÃO
DE CONTROVÉRSIAS 163
7.1 Consensualidade nos contratos administrativos 163
7.2 O dever jurídico de renegociar contratos 164
7.3 Meios alternativos para a resolução de controvérsias ... 168
7.3.1 Mediação e conciliação 169
7.3.2 Arbitragem 170
7.3.3 Comitê de resolução de disputas 171

REFERÊNCIAS 173

APRESENTAÇÃO

O direito administrativo é fantástico, ainda mais no Brasil. Nele há uma constante evolução que busca acompanhar as relações da Administração Pública. O que foi ontem pode não ser mais hoje; o que é hoje pode ser o que era ontem reciclado ou algo totalmente novo.

Mudam as interpretações e, às vezes, nada muda, mas algo sempre acontece. A busca do administrativista é incessante: deve sempre analisar o que existe de fato e propor criticamente o que poderia vir a existir.

É interessante como essa busca é peculiar nas relações formadas pelos contratos administrativos. Há sempre uma tensão puxando a relação ora para o regime público, ora para o regime privado. Busca-se a eficiência, mas não a eficiência acima de tudo, posto ser necessário um equilíbrio dos interesses em jogo. Dessa tensão surgem as mais variadas interpretações e análises, o que torna a relação jurídica relativamente complexa.

A presente obra busca apresentar essas questões teóricas sem estar afastada dos aspectos práticos, da realidade e daquilo que existe de fato. Ainda que a teoria envolvida no direito administrativo esteja em constante desenvolvimento, ela jamais pode estar afastada de um olhar prático.

Dessa maneira, unindo teoria e prática, os contratos administrativos serão explicados de forma didática e compreensiva. O leitor encontrará explicações objetivas e aprofundadas, que darão a base para o entendimento adequado da relação contratual administrativa na Nova Lei de Licitações e Contratos Administrativos. Assim, o objetivo é embasar a atuação profissional, para que ela seja segura e eficaz.

O estudo é interessante e sempre instigante. Afinal, os contratos administrativos estão inseridos no direito administrativo. Se este é fantástico, aqueles também são.

CAPÍTULO 1

TEORIA GERAL DOS CONTRATOS ADMINISTRATIVOS

1.1 Conceito

A Lei nº 14.133/2021, diferentemente da lei de licitações anterior (Lei nº 8.666/1993), não trouxe uma definição precisa de contrato administrativo. Apesar disso, o conceito pode ser extraído da Teoria Geral dos Contratos, analisando-se as peculiaridades do regime administrativo.

No geral, todos sabemos, em certa medida, inferir o que é um contrato. Os contratos fazem parte da nossa realidade social.[1] Sabemos que cada um representa uma formalização de um acordo de vontade, por meio do qual cada parte assume obrigações uma para com a outra. Nesse contexto, as relações contratuais surgem como manifestações da autonomia da vontade. As partes, de maneira livre e dentro de suas capacidades, assumem entre si obrigações

---

[1] Enzo Roppo considera que, apesar de se tratar de um conceito jurídico, não é correto considerar o contrato sem ter sobre ele um olhar voltado para a sua realidade fática. É que, antes de ser uma construção jurídica, o contrato decorre de uma realidade social mais antiga do que as regulamentações legais, na qual ele cumpre uma função instrumental. Nesse contexto, Roppo vincula o contrato e sua instrumentalidade à ideia de operação econômica. Portanto, falar em contrato envolve, necessariamente, tratar de uma operação econômica que existe no mundo material e que precede a construção legal do contrato, apesar de ser possível tratar do contrato de maneira abstrata, enquanto conceito jurídico. A relação contratual, portanto, surge como uma relação jurídica, a qual exprime uma relação que tem substrato fático e denota uma operação econômica com circulação de riquezas. Essa relação jurídica regula a operação econômica e as regras às quais ela estará submetida, de acordo com as vontades das partes (ROPPO, Enzo. *O Contrato*. Tradução: Ana Coimbra e M. Januário C. Gomes. Coimbra: Almedina, 2009. Título original: Il Contratto. p. 7).

mútuas e geram direitos e deveres para o alcance de finalidades específicas. Dessa maneira, as vontades das partes são convergentes e criam normas para reger a relação e a atuação dos contratantes.

Logo, é possível conceituar os contratos como sendo negócios jurídicos que externam e formalizam a manifestação das vontades convergentes de duas ou mais partes em assumirem obrigações mútuas em relação a um objeto, com determinada finalidade.

O contrato administrativo não é muito diferente, mas, naturalmente, tem suas peculiaridades. Caso não as tivesse, não seria necessário chamá-los de "administrativos" e bastaria denominá-los "contratos". Há uma Teoria Geral do Contratos, que abrange todo e qualquer contrato, seja ele público ou privado, e o contrato administrativo está inserido nessa teoria geral como uma espécie própria e autônoma. Portanto, os contratos administrativos são autônomos em relação aos contratos em geral, ainda que possam ter a aplicação subsidiária das normas de Direito Privado.

Essa autonomia dos contratos administrativos tem dois fundamentos principais:[2] o fato de que o contrato administrativo envolve um ente público; e o fato de que o regime jurídico do contrato administrativo é público, específico e tem características próprias.

Além desses pontos distintivos, a própria Lei nº 14.133/2021, em seu art. 6º, traz algumas definições que são importantes para a investigação do conceito de contrato administrativo. Com efeito, deve-se considerar como "contratante" a pessoa jurídica integrante da Administração Pública responsável pela contratação. Por "Administração Pública", deve-se considerar a administração direta e indireta da União, dos Estados, do Distrito Federal e dos Municípios, inclusive as entidades com personalidade jurídica de direito privado sob controle do poder público e as fundações por ele instituídas ou mantidas.

Por sua vez, o contratado será a pessoa física ou jurídica, ou o consórcio de pessoas jurídicas, que assinar o contrato com a Administração. Obviamente, a assinatura somente poderá ocorrer após regular

---

[2] Sônia Tanaka ainda elenca quatro elementos que pertencem aos contratos administrativos e que os diferenciam dos contratos privados: *i*) o fato de envolverem objeto fora do comércio; *ii*) a ausência da relatividade das convenções; *iii*) a presença de uma parcela ínfima de autonomia da vontade; e *iv*) o desequilíbrio entre as partes contratantes (TANAKA, Sônia Yuriko Kanashiro. *Concepção dos contratos administrativos*. São Paulo: Malheiros Editores, 2007. p. 38-45).

procedimento licitatório que selecione a proposta do contratado como sendo a mais vantajosa, ou procedimento de contratação direta.

Quanto ao objeto, não há uma limitação expressa em relação ao que pode ser contratado, mas é necessário que haja uma necessidade da Administração Pública a ser satisfeita por meio do contrato. Nesse sentido, os incisos I e II do art. 18 da Lei nº 14.133/2021 estabelecem que a fase preparatória da licitação envolverá a descrição da necessidade da contratação e a definição do objeto para o atendimento da necessidade.

A necessidade da contratação pode envolver de forma direta a satisfação do interesse público, como no caso de obras públicas a serem usufruídas pela população (é o caso de praças e rodovias). Por outro lado, também é possível que a necessidade esteja ligada mais diretamente à manutenção das atividades do ente público, como no caso de contratações envolvendo o fornecimento de material de escritório.

Diante do exposto, podemos conceituar os contratos administrativos como negócios jurídicos bilaterais com natureza contratual cujo objeto envolve a satisfação de uma necessidade de interesse público, firmados por pessoa jurídica integrante da Administração Pública com determinada pessoa física ou jurídica (ou consórcio) vencedora de um procedimento licitatório ou contratada diretamente, regidos pelo regime jurídico de Direito Público, com aplicação subsidiária do Direito Privado.

1.2 Fundamentos dos contratos administrativos

É importante perceber que os contratos administrativos existem por uma necessidade real que o Estado tem de estabelecer ajustes que representem operações econômicas necessárias para a consecução das finalidades dos entes públicos. Com o atual modelo constitucional, em que o Poder Público tem inúmeras incumbências no âmbito social para a promoção e satisfação dos interesses públicos, o contrato administrativo atua como instrumento de formalização de uma relação jurídica necessária entre o Estado e os contratados.[3]

---

[3] Nesse mesmo sentido, cabe citar as palavras de Vivian Lima López Valle: "Considerando-se o incremento qualitativo e quantitativo das demandas sociais, especialmente aquelas

Os contratos administrativos existem por dois fundamentos principais: um lógico (ou prático) e um econômico.

Primeiro, eles atuam como importantes instrumentos para a consecução das finalidades estatais, uma vez que elas, logicamente, não podem ser todas exercidas pelo Estado e seus agentes. Assim, torna-se necessário contratar uma pessoa especializada e tecnicamente capaz para a realização de determinada atividade.

Pelo segundo fundamento, o viés econômico demonstra que é mais eficiente a realização de parcerias com os agentes privados do mercado, seja para fomentar a economia, seja para alcançar maneiras melhores para realizar os gastos dos recursos públicos com a contratação de pessoas especializadas.

Existe, pode-se dizer, uma relação de proporcionalidade inversa: quanto mais numerosas as atribuições de um Estado, menos capacidade de exercício pleno e eficaz dessas funções ele terá. Isso porque os recursos públicos são, naturalmente, limitados. Com isso, o modo e a eficácia do financiamento estatal atuam como fatores determinantes da capacidade de acumulação de atribuições, o que demonstra o quanto a lógica econômica permeia também a atuação administrativa. Por conseguinte, quando não for economicamente mais viável executar as atividades por conta própria, dentro das hipóteses e de acordo com os procedimentos legais, o Estado poderá estabelecer uma relação jurídica com particulares para que isso ocorra.

1.3 Características dos contratos administrativos

Uma vez apresentados o conceito e os fundamentos dos contratos administrativos, cabe adentrar nas especificidades de suas características. As que serão abordadas decorrem naturalmente do conceito já exposto.

---

relacionadas com a prestação de serviços públicos, e em face da impossibilidade técnica, econômica ou conjuntural do Estado em dar atendimento adequado a essas demandas a partir da estrutura do primeiro setor, exsurge a necessidade de parcerias com a sociedade, com o mercado, com agentes econômicos para atendimento das finalidades públicas". (VALLE, Vivian Lima López. *Contratos administrativos e um novo regime jurídico de prerrogativas contratuais na Administração Pública contemporânea*: da unilateralidade ao consenso e do consenso à unilateralidade na relação contratual administrativa. Belo Horizonte: Fórum, 2018. p. 24).

1.3.1 Bilateralidade

Os contratos administrativos têm a característica de serem bilaterais por serem formados pela convergência de duas vontades: a do contratante e a do contratado. São negócios jurídicos que somente existem quando as vontades convergem e são expressas, sendo a assinatura do contrato o marco a partir do qual a relação jurídica existirá e passará a produzir efeitos, gerando direitos e deveres para ambas as partes.

É necessário compreender os contratos administrativos como sendo bilaterais, uma vez que compreendê-los como atos unilaterais seria algo incongruente. Os atos administrativos unilaterais, por sua própria natureza, independem de manifestação de vontade do administrado para a produção de efeitos, já que são dotados dos atributos da exigibilidade e da autoexecutoriedade.

Também deve ser refutada outra concepção defensora da tese de que o contrato administrativo na verdade consistiria em dois atos unilaterais. Essa ideia é exposta por Oswaldo Aranha Bandeira de Mello[4] e é adotada por doutrinadores italianos e alemães. Os defensores dela admitem a existência de um ato bilateral sem caráter contratual, posto que há liberdade apenas na formação ou não do vínculo jurídico (ato unilateral do particular), sendo o regime jurídico contratual estabelecido apenas pelo Estado (ato unilateral da Administração Pública).

Entretanto, nenhuma dessas concepções prevalece. A constituição do vínculo contratual administrativo dependerá sempre de um acordo de vontades, mesmo que a Administração Pública possa, por meio de suas prerrogativas, alterar ou extinguir unilateralmente o contrato. O que importa é que o contrato exprime um acordo de vontades, tanto da Administração, que promove a licitação, quanto do contratado, que apresenta sua proposta. Com isso, o caráter contratual também estará presente, já que as partes firmam um negócio jurídico com base na proposta do contratado, cujo regramento será

---

[4] MELLO, Oswaldo Aranha Bandeira de. Contrato de direito público ou administrativo. *Revista de Direito Administrativo*, [S. l.], v. 88, p. 15-33, 1967. Disponível em: https://bibliotecadigital.fgv.br/ojs/index.php/rda/article/view/29858. Acesso em: 14 mar. 2022.

aquele estabelecido no edital e no contrato com base na lei, tendo cada parte seus próprios interesses em vista.

1.3.2 Comutatividade

A comutatividade contratual diz respeito à equivalência entre as prestações a que se obrigam as partes. Assim como na matemática, em que é comutativa a operação em que a ordem dos fatores não altera o produto, também no contrato a equivalência das prestações tornará indiferente a ordem dos fatores em relação ao produto.

A equivalência não significa identidade de prestações. Cada parte terá obrigações específicas e receberá em troca a contraprestação devida. O que importa é que a expressão econômica das prestações seja igual. Isso ocorre por meio da manutenção das condições efetivas da proposta, um direito constitucionalmente assegurado às partes dos contratos administrativos (art. 37, XXI, da Constituição Federal).

Naqueles contratos em que a execução não precisar ser prolongada no tempo, resolvendo-se instantaneamente, a manutenção das condições efetivas da proposta não costuma gerar maiores problemas, como nos contratos de pronta entrega. Entretanto, problemas surgem quando há uma prolongação da relação jurídica no tempo, o que pode gerar desequilíbrios e a necessidade de alteração contratual, algo que veremos adiante.

1.3.3 Pessoalidade

O caráter personalíssimo dos contratos administrativos diz respeito à impossibilidade de alteração das partes. O contratante obviamente não pode ser modificado, já que é essencial para a existência do próprio contrato o fato de haver um ente público promovendo a licitação.

Por sua vez, a impossibilidade de modificação do contratado decorre do procedimento licitatório. Em razão da licitação, somente a proposta considerada mais vantajosa para a Administração Pública será selecionada. Sendo ela a melhor escolha, determinada após o procedimento legal, não faria sentido admitir a modificação do contratado. Inclusive, nos termos do art. 92, II da Lei nº 14.133/2021, é uma cláusula contratual obrigatória o estabelecimento de uma vinculação à proposta do licitante vencedor.

Apesar da pessoalidade, é possível a subcontratação de partes da obra, do serviço ou do fornecimento, sem prejuízo das responsabilidades legais e contratuais do contratado principal, de acordo com o art. 122 da Lei nº 14.133/2021. No entanto, isso somente pode ocorrer com respeito aos limites autorizados, em cada caso, pela Administração, sendo, assim, uma faculdade da contratante, que pode até mesmo vedar totalmente a subcontratação por meio do edital da licitação (art. 122, §2º, da Lei nº 14.133/2021). De qualquer forma, a subcontratação de todo o objeto contratual não será possível, uma vez que limites deverão ser estabelecidos e autorizados em cada caso.

1.3.4 Formalismo

Os contratos administrativos devem obedecer às formalidades legais para que tenham validade e, posteriormente, eficácia. A forma não é livre, diferentemente do que ocorre nos contratos regidos pelo Direito Privado. Nesses, o consensualismo é a regra e o formalismo é uma exceção, tendo em vista a previsão do art. 104, II, do Código Civil, de que os contratos devem adotar a forma "prescrita ou não defesa em lei". Dessa forma, nos contratos privados, não havendo prescrição legal, basta que a forma não seja expressamente proibida.

Nos contratos administrativos, por outro lado, a forma já está prevista na lei e deve ser obedecida. De acordo com o art. 95 da Lei nº 14.133/2021, o instrumento de contrato é obrigatório, mas em alguns casos ele pode ser substituído por outros instrumentos que veremos adiante. Já nos termos do art. 89, §1º, da Lei nº 14.133/2021, é obrigatório que o contrato mencione os nomes das partes e os de seus representantes, a finalidade, o ato que autorizou sua lavratura, o número do processo da licitação ou da contratação direta e a sujeição dos contratantes às normas da lei e às cláusulas contratuais.

No âmbito do procedimento licitatório, o formalismo moderado é adotado e aceito.[5] Com isso, não deve haver um apego

---

[5] O Tribunal de Contas da União tem firme jurisprudência acerca da possibilidade de aplicação do princípio do formalismo moderado nas licitações, tendo em vista a necessidade de seleção da proposta mais vantajosa para a Administração Pública.

excessivo às formalidades, buscando-se o alcance das finalidades públicas por meio da ideia de instrumentalidade das formas, que apregoa a prevalência do conteúdo sobre a forma, de modo a ser selecionada a proposta mais vantajosa.

Entretanto, a moderação do formalismo é um princípio afeto aos procedimentos administrativos, não aos contratos, até mesmo por estar previsto expressamente no art. 2º, parágrafo único, IX, da Lei nº 9.784/1999, que regulamenta o processo administrativo federal.

Em relação aos contratos, não há essa mesma margem para temperamentos em relação ao formalismo, ressalvadas as exceções expressamente previstas em lei. O contrato administrativo tem uma forma própria, que é a escrita, devendo as cláusulas do contrato seguir o que está disposto na legislação. Não há a mesma margem para o consensualismo como há nos contratos regidos pelo Direito Privado. Aqui, o formalismo é regra e o consensualismo é exceção.

A forma escrita somente pode ser excepcionada nos casos de pequenas compras ou de prestação de serviços de pronto pagamento cujo valor não supere R$10.804,08 (dez mil oitocentos e quatro reais e oito centavos),[6] por haver expressa previsão legal nesse sentido no art. 95, §2º, da Lei nº 14.133/2021. Não sendo um desses casos excepcionais, o contrato verbal com a Administração Pública será nulo de pleno direito e não gerará nenhum efeito.

Para os casos de contratos envolvendo direitos reais sobre imóveis, será necessária a formalização por meio de escritura pública lavrada em notas de tabelião, conforme prevê o art. 91, §2º, da Lei nº 14.133/2021. Essa formalidade a mais é necessária, uma

---

Nesse sentido, já foi decidido por meio do Acórdão nº 988/2022 – Plenário, que "Na falta de documento relativo à fase de habilitação em pregão que consista em mera declaração do licitante sobre fato preexistente ou em simples compromisso por ele firmado, deve o pregoeiro conceder-lhe prazo razoável para o saneamento da falha, em respeito aos princípios do formalismo moderado e da razoabilidade, bem como ao art. 2º, caput, da Lei 9.784/1999".

Seguindo a mesma linha de entendimento, o TCU afirmou, por meio do Acórdão nº 1574/2015 – Plenário, que "A imposição de restrição temporal para autenticação dos documentos de habilitação dos licitantes afronta o art. 32 da Lei 8.666/93. A comissão de licitação pode realizar a autenticação dos documentos apresentados por meio de cópia na própria sessão de entrega e abertura das propostas, em atenção aos princípios do formalismo moderado e da seleção da proposta mais vantajosa para a Administração, e em consonância com o art. 43, §3º, da Lei 8.666/93".

6   O valor previsto na lei (R$10.000,00) foi atualizado pelo Decreto nº 10.922/2021.

vez que o art. 172 da Lei nº 6.015/1973 (Lei de Registros Públicos) exige a escrituração de quaisquer atos envolvendo direitos reais sobre imóveis, como requisito de validade em relação a terceiros. Portanto, a escritura pública é uma forma essencial à validade desse contrato.

Ainda no que tange ao formalismo, é interessante notar a necessidade de dar-se publicidade aos contratos administrativos. A publicidade, como é cediço, é um dos princípios que regem a Administração Pública (art. 37, *caput*, da Constituição Federal). No caso dos contratos administrativos, a publicidade é considerada um requisito essencial de eficácia dos ajustes. Sem ela, o contrato poderá ser válido, mas não será eficaz. Portanto, a publicação do contrato é uma formalidade obrigatória.

É nesse sentido que o art. 94 da Lei nº 14.133/2021 prevê a necessidade de divulgação tempestiva do contrato e de seus aditamentos no Portal Nacional de Contratações Pública (PNCP) como requisito indispensável de eficácia. Excepcionalmente, o sigilo contratual será admitido quando imprescindível à segurança da sociedade e do Estado, de acordo com a legislação que regula o acesso à informação (art. 91, §1º, da Lei nº 14.133/2021).

1.3.5 Natureza de contrato de adesão

O contrato de adesão é aquele em que as cláusulas do contrato são estabelecidas apenas por uma das partes, cabendo à outra apenas aderir ou não aos termos propostos.

Nos contratos administrativos, as cláusulas já são estabelecidas antes mesmo da contratação. Ainda que possa haver variações de contrato para contrato, não há uma negociação, sendo tudo estabelecido previamente e dentro da margem legal.

Isso não significa, contudo, que o contrato administrativo perca o caráter contratual. Mesmo no direito privado a figura dos contratos de adesão existe e é plenamente aceita, como ocorre nos contratos de seguro ou nos contratos bancários. O fato de uma das partes aderir ao contrato sem poder negociar todas ou algumas de suas cláusulas não altera o fato de tratar-se, efetivamente, de um negócio jurídico bilateral que representa um acordo de vontades.

Há, é verdade, quem alegue que os contratos administrativos não seriam contratos pela ausência de autonomia da vontade do contratado. Entretanto, a manifestação de vontade está presente, ainda que os termos contratuais não sejam objeto de negociação. Caberá ao particular aceitar ou não as condições previstas no edital da licitação. Caso aceite, terá manifestado inequivocamente sua vontade. O que ocorre é que a autonomia da vontade é mitigada nos contratos administrativos, para ambas as partes. A própria Administração Pública, que terá o dever de contratar[7] em face de determinada imposição do interesse público e estará vinculada à proposta vencedora da licitação, bem como aos preceitos legais. Essa mitigação, contudo, não afeta o caráter contratual do ajuste.

1.3.6 Finalidade pública e função social

Considerando que a finalidade da Administração Pública é resguardar e garantir o interesse público (cujo conceito será estudado adiante), é correto inferir que essa finalidade também deve ser perseguida no âmbito das relações contratuais. É justamente por isso que o objeto do contrato administrativo servirá para satisfazer uma necessidade que envolva, direta ou indiretamente, a satisfação de interesses públicos.

Diferentemente dos contratos em geral, nos quais a finalidade fica restrita aos interesses das partes e, no mais das vezes, à circulação de riquezas, os contratos administrativos não têm os seus efeitos restritos aos contratantes.

Há, na teoria geral dos contratos, o princípio da relatividade, que representa a ideia de que os efeitos contratuais são produzidos apenas entre as partes que manifestam uma vontade no sentido de assumirem as obrigações decorrentes do ajuste. Com isso, os benefícios e os prejuízos dos contratos devem ficar restritos àqueles que o firmaram.

Os contratos administrativos, entretanto, apresentam uma marcada transcendência que não se coaduna com a ideia de

---

[7] TANAKA, Sônia Yuriko Kanashiro. *Concepção dos contratos administrativos*. São Paulo: Malheiros Editores, 2007. p. 41.

relatividade. O próprio objeto de um contrato administrativo, por envolver uma finalidade pública e uma satisfação direta ou indireta de um interesse público, é incapaz de aproveitar apenas às partes contratantes. Uma obra pública certamente não beneficiará apenas a Administração Pública e o contratado.

Com isso, pode-se dizer que os contratos administrativos apresentam uma relatividade mitigada. Há relatividade apenas no sentido que as obrigações específicas previstas no contrato obrigam apenas as partes contratantes. No entanto, não é possível afirmar que os efeitos do ajuste podem ficar restritos às partes que o firmaram.

É justamente nesse ponto que surge a função social específica dos contratos administrativos. A relatividade dos contratos privados não afasta a necessidade de observância da função social (art. 421 do Código Civil), tendo em vista o reconhecimento do fato de que qualquer contrato tem o potencial de exercer uma função dentro da sociedade. No entanto, essa função social dos contratos privados não é tão intensa como a função social dos contratos administrativos, já que os efeitos do ajuste e seu objeto alcançam e interessam a toda a coletividade.[8]

Cabe ressaltar, contudo, que a função social dos contratos administrativos não afasta a necessidade de busca pela eficiência. Não é porque eles têm finalidade pública que esse fim deve ser buscado a qualquer custo. É certo que a manutenção desses contratos é importante, mas também é importante que a utilização dos recursos públicos seja adequada. Portanto, é necessário que haja um equilíbrio entre a busca pela satisfação do interesse público por meio dos contratos administrativos e a eficiência nos gastos.

1.3.7 Regime jurídico de direito público

O art. 89 da Lei nº 14.133/2021 prevê que os contratos administrativos serão regidos por suas cláusulas (a maioria delas decorrente da própria lei) e pelos preceitos de direito público. Isso quer dizer que os contratos administrativos adotam um regime jurídico próprio, de direito público.

---

[8] TANAKA, Sônia Yuriko Kanashiro. *Concepção dos contratos administrativos*. São Paulo: Malheiros Editores, 2007. p. 39.

No do regime jurídico de direito público, a Administração Pública deve obedecer a regramentos próprios em suas relações jurídicas, notadamente por sua vinculação à legalidade. Enquanto aos particulares é dado fazer tudo o que a lei não proibir (art. 5º, II, da Constituição Federal), à Administração Pública somente cabe agir dentro do que é permitido por lei (art. 37, *caput*, da Constituição Federal). Isso porque a Administração atua com o propósito específico de resguardar os interesses de toda a coletividade, sendo necessário que a gestão dos recursos ocorra de maneira fiel à vontade da população.

Esse regime jurídico é estruturado em torno de dois princípios, conforme formulação de Celso Antônio Bandeira de Mello:[9] a supremacia do interesse público sobre o privado e a indisponibilidade do interesse público. Com isso, pode-se dizer que o regime jurídico-administrativo parte de dois axiomas ou pressupostos que servem para a interpretação e a criação de normas jurídicas e contratuais: *i)* O interesse público sobrepõe-se ao interesse particular caso exista conflito; e *ii)* O interesse público é indisponível, não podendo ser caracterizado, modificado ou disposto de acordo com a vontade do administrador.

Percebe-se, assim, que a proteção dos interesses públicos é fundamento e propósito das normas que formam o regime jurídico aplicável aos contratos administrativos. Isso decorre da posição qualificada dos interesses públicos, o que demanda um tratamento diferenciado para que eles sejam resguardados e atendidos.

Dessa maneira, a liberdade no âmbito dos contratos administrativos é severamente mitigada e há uma necessidade natural de que praticamente toda a regulamentação desses contratos esteja prevista na lei. Tanto é verdade que a Lei de Licitações e Contratos Administrativos já estabelece toda uma estrutura contratual, desde as formalidades e cláusulas necessárias até a extinção do ajuste.

É nesse sentido que o regime de direito público difere do regime de direito privado. A intensidade da regulação é muito maior, o que

---

[9] MELLO, Celso Antonio Bandeira de. O conteúdo do regime jurídico-administrativo e seu valor metodológico. *Revista de Direito Administrativo*, v. 89, p. 8-33, 1967. Disponível em: http://bibliotecadigital.fgv.br/ojs/index.php/rda/article/viewFile/30088/28934. Acesso em: 14 mar. 2022.

traz benefícios e prejuízos. Apesar de permitir um maior controle da gestão dos recursos públicos, a forte regulamentação dos contratos administrativos traz o risco de impedir que a Administração Pública consiga adaptar-se a nuances específicas do mercado. Por outro lado, o regime jurídico confere certas prerrogativas à Administração Pública nos contratos que não são normalmente encontradas nos contratos privados.

É por esse motivo que o regime jurídico de direito público implica em uma relação de certa verticalidade entre o particular e a Administração contratante. A diferença de posições jurídicas existe e é justificada na estrita medida em que serve para resguardar os interesses públicos e permitir a aplicação da lei. Ademais, essa distinção, somada à prerrogativa de alteração unilateral, dá aos contratos administrativos uma característica de maior mutabilidade em relação aos demais ajustes.

A relação verticalizada e a mutabilidade contratual em nada obstaculizam, por outro lado, que sejam resguardados todos os direitos do contratado por parte da Administração Pública enquanto ela também resguarda os interesses da coletividade na execução do contrato. Ambas as partes, em última análise, estão perseguindo, direta ou indiretamente, o interesse coletivo, estando o particular plenamente ciente das prerrogativas inerentes à natureza do ente público contratante quando concorda em celebrar o contrato.[10]

Cabe ressaltar, nesse ponto, que as mais recentes leituras do Direito Administrativo, influenciadas pela ideologia neoliberal, trouxeram como resultado uma aproximação dos contratos administrativos com o Direito Privado. Hoje, defende-se, ao lado de uma releitura do princípio da supremacia do interesse público sobre o privado e da adoção do princípio da juridicidade[11] (em vez

---

[10] Cf. KLOSS, Eduardo Soto. La contratación administrativa: un retorno a las fuentes clásicas del contrato. *Revista de Administración Pública*, n. 86, 1978. Disponível em: http://www.cepc. gob.es/publicaciones/revistas/fondo-historico?IDR=1&IDN=86&IDA=23062. Acesso em: 17 mar. 2022.

[11] A nova concepção acerca do princípio da legalidade vem sendo influenciada pelo fenômeno da constitucionalização do direito. Significa que a constituição é colocada no centro do ordenamento jurídico, estabelecendo a condição estruturante e fundamental de seus princípios. Na lição de Häberle, a ideia de sociedade aberta dos intérpretes da constituição admite a participação de todos os órgãos estatais na interpretação das normas constitucionais. Por conseguinte, o agente público não atua apenas de forma vinculada à lei infraconstitucional,

do princípio da legalidade estrita), a busca por mecanismos mais eficientes de gestão e execução dos contratos administrativos.[12]

Um exemplo claro disso é o art. 151 da Lei nº 14.133/2021, que consolida a possibilidade de utilização de meios alternativos para a resolução de controvérsias no âmbito dos contratos administrativos, como a arbitragem, a mediação, a conciliação e o comitê de resolução de disputas. Adota-se, assim, um caminho para a consensualidade na resolução dos conflitos contratuais, sem que haja, necessariamente, mera imposição da vontade administrativa sobre a vontade do contratado, reduzindo-se, ao menos um pouco, a verticalidade da relação, mas sem que seja afastada a existência das prerrogativas que buscam resguardar o interesse público.

1.4 Prerrogativas da Administração Pública nos contratos administrativos

O ordenamento jurídico confere diretamente à Administração Pública certas prerrogativas no âmbito contratual que têm o propósito de resguardar o interesse público inerente aos contratos administrativos. Elas decorrem do regime jurídico específico dos contratos administrativos e encontram fundamento na supremacia do interesse público sobre o privado.

---

devendo observar também – e principalmente – a constituição, que fundamenta todo o ordenamento jurídico e, portanto, orienta o sistema de interpretação das normas infralegais (HÄBERLE, Peter. Hermenêutica Constitucional – A sociedade aberta dos intérpretes da Constituição: contribuição para interpretação pluralista e "procedimental" da Constituição. *Direito Público*, v. 11, n. 60, p. 25-50, 2014.). Atualmente, portanto, fala-se em um princípio da juridicidade, que, em vez de vincular a atuação administrativa às prescrições expressas da lei formal, reconhece que essa atuação pode fundamentar-se também no ordenamento jurídico como um todo. Para uma exposição dessa nova visão, cf. BINENBOJM, Gustavo. *Uma teoria do direito administrativo*: direitos fundamentais, democracia e constitucionalização. 3. ed. Revista e atualizada. Rio de Janeiro: Renovar, 2014. p. 131-204.

[12] Valle defende, inclusive, uma aplicação subsidiária das prerrogativas contratuais da Administração Pública, a depender da presença de quatro requisitos: a urgência, a excepcionalidade, o caráter residual em relação às soluções consensuais e a justificação (VALLE, Vivian Lima López. *Contratos administrativos e um novo regime jurídico de prerrogativas contratuais na Administração Pública contemporânea*: da unilateralidade ao consenso e do consenso à unilateralidade na relação contratual administrativa. Belo Horizonte: Fórum, 2018. p. 242). Portanto, um novo paradigma contratual vem surgindo no âmbito administrativo, que gera uma aproximação com o Direito Privado e procura fomentar a consensualidade.

As prerrogativas contratuais da Administração são aquelas previstas no art. 104 da Lei nº 14.133/2021: *i*) a possibilidade de modificação unilateral dos contratos, para melhor adequação às finalidades de interesse público, respeitados os direitos do contratado; *ii*) a prerrogativa de extinção unilateral, nos casos especificados na lei; *iii*) a capacidade de fiscalização da execução; *iv*) a prerrogativa de aplicação de sanções motivadas pela inexecução total ou parcial do ajuste; e *v*) a possibilidade de ocupação provisória de bens móveis e imóveis e de utilização de pessoal e serviços vinculados ao objeto do contrato.

Antes de estudarmos cada uma das prerrogativas, é interessante analisar a terminologia correta a ser utilizada.

1.4.1 Prerrogativas, não "cláusulas exorbitantes"

É comum na doutrina a utilização do termo "cláusula exorbitante" para tratar das prerrogativas de que a Administração Pública dispõe em âmbito contratual. A Lei nº 14.133/2021 foi precisa na terminologia adotada.

O problema do termo "cláusula exorbitante" é que essas prerrogativas não são nem cláusulas nem exorbitantes. Não são cláusulas porque não estão previstas no contrato por estipulação das vontades das partes.[13] Elas são, na verdade, prerrogativas conferidas diretamente pela lei à Administração Pública com o propósito de manifestar a proteção do interesse público no âmbito contratual.

No Brasil, as chamadas "cláusulas exorbitantes", como visto, são aquelas previstas no art. 104 da Lei nº 14.133/2021 e a previsão expressa dessas "cláusulas" no contrato é desnecessária, uma vez que a

---

[13] O conceito de cláusula, conforme apresentado por José Cretella Júnior, corresponde, assim como o conceito de contrato, a uma categoria jurídica. É cláusula toda disposição especial inserida em um contrato que, tendo como fundamento o ordenamento jurídico que rege a relação contratual estabelecida, cria proposições mandamentais ou imperativas que vinculam os contratantes. Naturalmente, sendo as cláusulas disposições contratuais e sendo este estabelecido em razão das vontades das partes, que mutuamente assumem obrigações e reconhecem direitos, também elas correspondem a manifestações de vontade, o que dificulta conceber as prerrogativas do Poder Público no âmbito contratual efetivamente como cláusulas. CRETELLA JÚNIOR, José. As cláusulas "de privilégio" nos contratos administrativos. *Revista de Direito Administrativo*, v. 161, p. 7-28, 1985. Disponível em: https://www2.senado.leg.br/bdsf/item/id/181681. Acesso em: 15 out. 2021.

própria lei já dá à Administração Pública essas prerrogativas. Inclusive, elas sequer estão previstas entre as cláusulas essenciais dos contratos administrativos elencadas pelo art. 92 da Lei nº 14.133/2021.

Tampouco há "exorbitância" no sentido de que esses preceitos seriam excepcionais em relação ao regime jurídico comum dos contratos regulados pelo direito privado. Essa ideia parte de um pressuposto incorreto: o de que o Direito Civil seria a matriz de onde viria Direito Administrativo. Ou seja, para a cláusula ser realmente exorbitante, o regime civilista dos contratos teria que ser adotado como parâmetro principal.[14]

Na verdade, Direito Administrativo, que é considerado, ao lado do Direito Constitucional, um pilar essencial do Direito Público,[15] surgiu na França, após a Revolução Francesa. Trata-se de um ramo do direito público que rege a função administrativa o exercício dela por pessoas e órgãos competentes.[16]

É certo que, no surgimento do Direito Administrativo, muitas das formas jurídicas foram extraídas do Direito Civil,[17] que já existia há bastante tempo. Isso, em grande medida, contribuiu para a concepção de um regime exorbitante ou excepcional em relação ao Direito Privado. Entretanto, as diferenças entre o Direito Administrativo e o Direito Privado são tão patentes quanto as diferenças entre este e o Direito Público, o que torna o conceito de exorbitância ultrapassado.

Por conseguinte, falar em cláusulas exorbitantes gera um duplo problema terminológico: as cláusulas exorbitantes nem são cláusulas – posto não decorrerem de manifestação de vontade

---

[14] Nas palavras de Cretella Júnior: "A verdade é que o direito civil, importante e tradicional ramo da ciência jurídica, não é nem raiz, nem tronco principal da árvore jurídica, mas um dos ramos em que o tronco-matriz se biparte; é o cadinho comum, em que se misturam os ingredientes jurídicos, a principiar pela nomenclatura; é o ramo quo (sic) despontou em primeiro lugar, que cresceu mais depressa e que se projetou no tempo. Nunca, entretanto, o tronco-mestre, do qual se foram desgalhando os outros ramos" CRETELLA JÚNIOR, José. As cláusulas "de privilégio" nos contratos administrativos. *Revista de Direito Administrativo*, v. 161, p. 7-28, 1985. Disponível em: https://www2.senado.leg.br/bdsf/item/id/181681. Acesso em: 15 out. 2021.

[15] FERRAZ JUNIOR, Tercio Sampaio. *Introdução ao Estudo do Direito.* 4. ed. Revista e ampliada. São Paulo: Atlas, 2003. p. 143.

[16] MELLO, Celso Antônio Bandeira de. *Curso de Direito Administrativo.* 30. ed. São Paulo: Malheiros, 2013. p. 37.

[17] MEDAUAR, Odete. *Direito Administrativo moderno.* 21. ed. Belo Horizonte: Fórum, 2018. p. 34.

das partes contratantes, mas de uma obrigação legal –, nem são exorbitantes – considerando-se que o Direito Privado não é a matriz de onde deriva o Direito Administrativo.

A correta compreensão da questão envolve entender que o contrato não é um instituto apenas do Direito Civil. Na verdade, ele deve ser considerado uma categoria jurídica autônoma, pertencente à Teoria Geral do Direito.[18] Dessa forma, a categoria jurídica "contrato" não pertence especificamente a nenhum ramo, mas a todo o Direito, de modo que o Direito Público e o Direito Privado derivam suas especificidades da mesma fonte geral, mas um não deriva do outro.

Sendo os contratos administrativos regidos pelo Direito Público, as cláusulas a eles específicas devem ser aplicadas e interpretadas com base nessa premissa, o que afasta qualquer ideia de exorbitância.

Portanto, está adequada a nomenclatura adotada pela Lei nº 14.133/2021, que trata, em seu Capítulo IV, das prerrogativas da Administração Pública nos contratos administrativos.[19]

1.4.2 Prerrogativas contratuais em espécie

São cinco as prerrogativas que a Administração Pública detém nos contratos, todos previstos no art. 104 da Lei nº 14.133/2021: *i)* Poder de alteração unilateral; *ii)* Poder de rescisão unilateral; *iii)* Poder de fiscalização contratual; *iv)* Poder de aplicação de sanções; e *v)* Poder de ocupação provisória.

---

[18] CRETELLA JÚNIOR, José. As cláusulas "de privilégio" nos contratos administrativos. *Revista de Direito Administrativo*, v. 161, p. 7-28, 1985. Disponível em: https://www2.senado.leg.br/bdsf/item/id/181681. Acesso em: 15 out. 2021.

[19] Cabe observar que Cretella Júnior conclui em seu trabalho que o correto é denominar essas prerrogativas públicas de "cláusulas de privilégio" (CRETELLA JÚNIOR, José. As cláusulas "de privilégio" nos contratos administrativos. *Revista de Direito Administrativo*, v. 161, p. 7-28, 1985. Disponível em: https://www2.senado.leg.br/bdsf/item/id/181681. Acesso em: 15 out. 2021). Entretanto, essa concepção ainda não nos parece satisfatória, tendo em vista que, considerando que as prerrogativas mencionadas decorrem diretamente do regime jurídico da Administração Pública, afastando-se, assim, do conceito de cláusula. Ademais, utilizar o termo "privilégio" pode dar a falsa ideia de que essas prerrogativas são conferidas para permitir arbitrariedades ou desigualdades infundadas. Nesse contexto, a solução mais correta parece-nos ser a utilização apenas do termo "prerrogativas" para tratar dos poderes que a Administração Pública detém no âmbito dos contratos administrativos, assim como Sônia Tanaka (TANAKA, Sônia Yuriko Kanashiro. *Concepção dos contratos administrativos*. São Paulo: Malheiros Editores, 2007. p. 108).

1.4.2.1 Alteração unilateral

A regra, em qualquer contrato, é a vinculação das partes ao acordo firmado e aos deveres e direitos relativos ao ajuste. Essa regra é conhecida como *pacta sunt servanda* e denota o poder vinculante que tem o contrato enquanto manifestação de vontade das partes. Nos contratos em geral, qualquer alteração do ajuste depende de uma nova manifestação de vontade de ambas as partes, já que elas estão em posição de igualdade jurídica uma para com a outra.

Entretanto, nos contratos administrativos, o regime jurídico de Direito Público confere à Administração Pública uma posição que a permite alterar os contratos, até certa medida, sem depender de manifestação de vontade do contratado. Trata-se da prerrogativa de alteração unilateral dos contratos, que tem forte vinculação com a necessidade de proteção do interesse público e com a supremacia do interesse público sobre o privado.

Essas alterações unilaterais devem ocorrer dentro dos parâmetros legais, os quais são estabelecidos na lei, não podendo atingir as cláusulas econômico-financeiras dos contratos. Para essas, a concordância prévia do contratado é sempre obrigatória (art. 104, §1º, da Lei nº 14.133/2021), uma vez que fixam a remuneração devida e a equação financeira do contrato.

Segundo o art. 124, I, da Lei nº 14.133/2021, os contratos administrativos podem ser alterados unilateralmente em duas situações: *i*) caso haja modificação do projeto ou das especificações, para melhor adequação técnica aos seus objetivos; e *ii*) se houver necessidade de alteração do valor contratual decorrente de acréscimo ou diminuição quantitativa de seu objeto. A primeira hipótese trata de uma alteração qualitativa e a segunda, trata de uma alteração quantitativa e ambas devem respeitar a configuração do objeto da contratação, de acordo com o art. 126 da Lei nº 14.133/2021.

No caso de alteração unilateral, por ser uma prerrogativa do Poder Público, o contratado é obrigado a aceitar os acréscimos e as supressões. Entretanto, essa obrigação, nos termos do art.125 da Lei nº 14.133/2021, somente pode atingir até 25% do valor inicial atualizado do contrato, exceto nos casos de reforma de edifício ou de equipamento, caso em que o limite para acréscimos é de 50%.

Além disso, é assegurada ao contratado a revisão das cláusulas econômico-financeiras do contrato para a manutenção do equilíbrio contratual e das condições efetivas da proposta, nos termos do art. 104, §2º, da Lei nº 14.133/2021. Assim, sempre que a Administração exercer a prerrogativa de alteração unilateral, não poderá fazê-lo sem revisar as cláusulas contratuais para manter o equilíbrio das contraprestações.

1.4.2.2 Rescisão unilateral

Quanto ao poder de rescisão unilateral, apesar de ser ínsito à figura contratual a possibilidade de rescisão, no caso dos contratos administrativos esse poder é mais amplo e tem consequências diversas. O art. 138, I, da Lei nº 14.133/2021 faculta à Administração Pública determinar a extinção do contrato administrativo por ato unilateral escrito, ressalvado apenas o caso de descumprimento decorrente de conduta do próprio ente contratante. Para fundamentar a decisão, é possível apresentar razões de interesse público justificadas pela autoridade máxima do contratante, nos termos do art. 137, VIII, da Lei nº 14.133/2021. Dessa forma, a rescisão unilateral não depende necessariamente de uma comprovação de descumprimento do contrato por parte do contratado.

Como consequência da rescisão unilateral, de acordo com o art. 139 da Lei nº 14.133/2021, poderá haver a assunção imediata do objeto do contrato, com ocupação e utilização do local, das instalações, dos equipamentos, do material e do pessoal empregados na execução do contrato. Isso porque, como os contratos administrativos envolvem objetos de interesse público, em muitos casos será necessária a continuidade da prestação do serviço. Além disso, a Administração Pública poderá executar a garantia contratual e reter créditos decorrentes do contrato.

1.4.2.3 Fiscalização

A prerrogativa de fiscalização é, em certa medida, uma decorrência natural de qualquer contrato. Entretanto, o regime jurídico de direito público, somado à importância dos objetos dos contratos administrativos, traz a necessidade de uma fiscalização específica e estruturada. Com efeito, a fiscalização contratual é regrada pelo art. 117 da Lei nº 14.133/2021, que estabelece a necessidade de acompanhamento da execução do contrato por representantes da Administração Pública especialmente designados, ressalvada a possibilidade de contratação de terceiros para assisti-los.

Toda a fiscalização deverá ser anotada em registro próprio e as medidas cabíveis devem ser tomadas pelo próprio fiscal, quando inclusas em sua competência, ou pelos seus superiores. Ademais, é dessa fiscalização que surgirão as medições ou o recebimento do objeto necessário para os pagamentos, bem como os documentos necessários para os processos administrativos de sanção por eventuais descumprimentos.

Nesse sentido, os fiscais são essenciais para a fiel execução dos contratos. Eles é que estarão na linha de frente, buscando a eficiência e o correto cumprimento da lei e das cláusulas contratuais.

1.4.2.4 Aplicação de sanções

As sanções que podem ser aplicadas são, por sua vez, regidas pelo Capítulo I do Título IV da Lei nº 14.133/2021 e abrangem a advertência, a multa, o impedimento de licitar e contratar, e a declaração de inidoneidade para licitar ou contratar (art. 156).

Essas sanções, cuja característica é a previsão legal, são específicas dos contratos administrativos. Trata-se de uma decorrência também da relação de verticalidade, que impõe ao contratado e à Administração um ônus maior na preservação do interesse público. Assim, diante da autoexecutoriedade dos atos administrativos, a Administração Pública tem a capacidade de aplicar sanções sem necessidade de intervenção judicial.

1.4.2.5 Ocupação provisória

Por fim, a prerrogativa de ocupação provisória, prevista no art. 104, V, da Lei nº 14.133/2021, permite que a Administração Pública ocupe provisoriamente bens móveis e imóveis, bem como utilize pessoal e serviços vinculados à execução do objeto contratual quando houver risco à prestação de serviços essenciais ou a necessidade de acautelar apuração administrativa de faltas contratuais, inclusive após o fim do contrato.

Dessa forma, a ocupação ocorre para que a prestação dos serviços públicos não seja interrompida, evitando-se prejuízos à sociedade. Considerando a natureza especial do objeto de um contrato administrativo, a ocupação provisória poderá surgir como uma necessidade premente.

1.5 A interpretação dos contratos administrativos

Diante das peculiaridades do regime jurídico dos contratos administrativos e da existência das prerrogativas contratuais vistas, é necessário pontuar que a interpretação dos contratos administrativos também tem nuances próprias.

Em relação aos contratos privados, não há a mesma relação de verticalidade que há nos contratos administrativos. Por esse motivo, a interpretação dos contratos deve ser equânime e levar em consideração a manifestação de vontade de cada uma das partes.

Por outro lado, os contratos administrativos devem ser interpretados de acordo com o interesse público e as normas do regime jurídico de direito público, em razão do disposto no art. 89 da Lei nº 14.133/2021. Por conta desse regime jurídico, eventuais lacunas normativas devem ser supridas primordialmente pelas próprias normas de direito público. Supletivamente, as disposições de direito privado e os princípios da teoria geral dos contratos poderão ser aplicados.

No que tange à legitimidade interpretativa, a verticalidade da relação e o interesse público envolvido demandam o reconhecimento de que a interpretação realizada pela Administração Pública das cláusulas contratuais deve prevalecer. Isso porque essa interpretação envolve, em última medida, a aplicação da lei, tendo em vista que as cláusulas contratuais decorrem dela.

Nos contratos de natureza privada, a interpretação que uma das partes faz do ajuste não se sobrepõe à interpretação atribuída pela outra, sendo possível recorrer ao Poder Judiciário para dirimir a ausência de consenso. Entretanto, na relação contratual administrativa, deve prevalecer a interpretação adotada pela

Administração Pública. De acordo com a Superior Tribunal de Justiça, isso corresponde a uma "prerrogativa da decisão unilateral executória",[20] decorrente da natural subordinação do interesse privado ao interesse público.

Logo, o preenchimento de lacunas de normas envolvendo o Direito Público no âmbito contratual caberá à Administração Pública, observando, é claro, os direitos do contratado e a busca, sempre que possível, por soluções consensuais. Esse preenchimento estará sujeito ao controle judicial, em razão da inafastabilidade da jurisdição, mas, caso a interpretação adotada não viole preceitos legais de maneira clara, deve-se prestigiar a legitimidade interpretativa da Administração Pública.

1.6 O contrato administrativo sob a perspectiva econômica

A Análise Econômica do Direito (AED)[21] é um movimento relativamente recente no Direito Brasileiro, que tem como proposta dar um novo olhar à análise das regras jurídicas, levando em conta a economia e a racionalidade individual, partindo de pressupostos pragmáticos. Trata-se de uma visão interdisciplinar que tem origem nos Estados Unidos e vem sendo importada pela doutrina brasileira.

A AED traz para o Direito conceitos da Economia e fomenta uma análise mais racional acerca dos incentivos e das decisões dos indivíduos, em especial de seus posicionamentos em razão das determinações legais e contratuais. Com isso, torna-se possível uma análise mais pragmática dos efeitos e da eficiência das normas.

---

[20] STJ. MS nº 20432/DF, Rel. Min. Ari Pargendler, Rel. p/ o ac. Min. Herman Benjamin, S1, j. 24.06.2015, DJe 15.02.2016.

[21] Apesar de serem termos semelhantes, Guido Calabresi diferencia a Análise Econômica do Direito da teoria "Law and Economics" da seguinte forma: enquanto a primeira corresponde a uma teoria econômica utilizada para analisar o ordenamento jurídico e serve para buscar reformas na realidade legal, a "Law and Economics" serve para avaliar se as teorias econômicas podem explicar o ordenamento jurídico e se ele corresponde à realidade. Em suma, na AED, há uma prevalência da econômica e o direito é seu objeto de análise; na "Law and Economics", por outro lado, a relação é bilateral (CALABRESI, Guido. *The Future of Law and Economics*: Essays in Reform and Recollection. Yale: Yale University Press, 2016. E-book. p. 2-6).

No âmbito do Direito Administrativo brasileiro, ainda são muito recentes as propostas de realização de uma análise econômica. Entretanto, a AED encontra um campo muito fértil para discussões nesse ramo do direito. Isso porque, por ter fundamentos econômicos, ela permite analisar o Direito sob o prisma da eficiência na alocação de recursos e nas consequências dessa alocação, adotando uma visão consequencialista. Por conseguinte, como afirmam Porto e Garoupa,[22] "a perspectiva econômica vê o Direito como uma instituição que deve promover a eficiência, contribuindo, dessa forma, para melhorar o bem-estar social". E esse é, justamente, o propósito do Estado.

Por conseguinte, é, de fato, proveitosa a análise das normas que regem a atuação estatal sob uma visão econômica, tendo em vista que elas estão diretamente ligadas à consecução e à proteção do interesse público e da maximização do bem-estar social por meio da alocação de recursos públicos e das formas de agir dos entes estatais. A existência do Estado, por si só, já tem influência no aspecto econômico da sociedade, seja por meio da busca pela redução dos custos de transação com a oferta de segurança e proteção em relação às liberdades básicas, seja por meio de investimentos diretos em infraestrutura ou na prestação de serviços públicos em geral. As consequências dessa influência devem ser analisadas de maneira detida para que se tenha um panorama real dos efeitos concretos das normas jurídicas.

A mesma ideia serve para a análise dos contratos administrativos. Não basta que as normas que formam o seu regime jurídico resguardem o interesse público a uma primeira vista. É necessário que o conteúdo das normas tenha aplicação prática e traga incentivos à atuação eficiente dos entes estatais e dos contratados. Em razão do importante papel do Estado na promoção do desenvolvimento, a análise pragmática das consequências das normas que regem os contratos administrativos é essencial.

É possível afirmar que a análise econômica do direito contratual, que teve início na década de 80, já se tornou o estilo

---

[22] PORTO, Antônio Maristrello; GAROUPA, Nuno. *Curso de análise econômica do direito*. São Paulo: Atlas, 2020. p. 55.

acadêmico predominante no estudo dos contratos.[23] Trata-se de uma visão mais consequencialista e menos deontológica,[24] que compreende o contrato como uma transação de mercado entre duas ou mais partes que é necessária para a devida alocação de recursos, uma vez que ninguém é autossuficiente em uma sociedade complexa.

O contrato passa a ser visto, então, como um "facilitador da circulação de titularidades de valores e de modos de governo conjunto (ou governação) de problemas atinentes ao conhecimento, ao poder e aos interesses".[25] Dentro desse modelo, conceitos como os de contrato incompleto, custos de transação e eficiência, bem como a ideia de assimetria de informação tomam um papel central na análise contratual.

O conceito de contrato incompleto é importante para relações contratuais continuadas no tempo. Em face da continuidade do vínculo jurídico e das possíveis modificações contextuais, é necessário reconhecer que nem todas as possibilidades de mudanças com potencial para afetar o equilíbrio do contrato podem ser previstas pelas partes. Mesmo as disposições contratuais relativas ao objeto, ao cumprimento e ao descumprimento da avença nem sempre são estipuladas de maneira clara e adequada, levando também à incompletude contratual.

É interessante notar que incompletude contratual não é sinônimo de contrato incompleto. No contexto apresentado, a incompletude contratual é uma característica inerente a virtualmente todos os contratos, tendo em vista a existência das chamadas "falhas de mercado".[26]

---

[23] POSNER, Eric. *Análise econômica do direito contratual*: sucesso ou fracasso? Tradução: Luciano Benetti Timm. São Paulo: Saraiva, 2010. Título original: Economic analysis of contract law after three decades: success or failure? E-book.

[24] Para uma visão geral da discussão entre deontologismo e consequencialismo no âmbito da análise econômica do direito e da sua relação com o Direito Administrativo, cf.: ALBUQUERQUE, Caio Felipe Caminha de; PEREIRA, Maria Marconiete Fernandes. A influência utilitarista no regime jurídico administrativo brasileiro. *Revista Jurídica Luso-Brasileira*, ano 7, n. 2, p. 229-255, 2021. Disponível em: https://www.cidp.pt/revistas/rjlb/2021/2/2021_02_0229_0255.pdf. Acesso em: 17 mar. 2022.

[25] ARAÚJO, Fernando. *Teoria Econômica do Contrato*. Coimbra: Almedina, 2007. p. 18.

[26] Três falhas de mercado podem gerar a incompletude: as externalidades, os custos de transação e a assimetria de informação. Para um maior aprofundamento, conferir: TIMM, Luciano Benetti. *Direito contratual brasileiro*: críticas e alternativas ao solidarismo jurídico. 2. ed. São Paulo: Atlas, 2015.

Os contratos são, em maior ou menor medida, incompletos,[27] por faltar às partes a possibilidade de previsão completa das contingências, a depender dos maiores ou menores custos para tanto. O que define o grau de incompletude de um contrato é a grandeza dos custos de transação.[28] Dessa forma, é possível que as partes optem pela não regulamentação contratual acerca das possíveis contingências, de modo a reduzir os custos da transação, gerando, assim, os contratos incompletos. Assim, existe diferença entre incompletude contratual inerente a todos os contratos e a opção racional pela celebração de um contrato incompleto.

Nesse contexto, os contratos incompletos surgem quando há uma ausência deliberada de regulamentação acerca de determinados riscos contratuais, gerando maior adaptabilidade ao contrato. Com isso, torna-se possível lidar, de maneira eficiente, com os possíveis desequilíbrios decorrentes das contingências relacionadas aos riscos inerentes à execução do contrato, deixando para um momento posterior o estabelecimento dos resultados da verificação da situação.

O contrato completo, em contrapartida, seria, de acordo com Fernando Araújo,[29] "aquele que especificaria as obrigações para cada uma das partes em cada uma das contingências que podem afetar a onerosidade do contrato". No entanto, a busca por um contrato essencialmente completo envolve custos para a obtenção das informações necessárias, que podem superar os benefícios advindos da previsão de todas as contingências (muitas das quais sequer ocorrerão).

Dessa maneira, o conceito de incompletude contratual permite perceber que os contratos dificilmente irão prever todas as contingências que podem afetá-los em razão dos custos envolvidos nessa previsão. Nesse contexto, é provável que existam assimetrias

---

[27] Para Fernando Araújo, é possível traçar um paralelo entre o conceito de contrato completo e o conceito de mercado perfeito, os quais somente podem existir caso presentes os mesmos pressupostos analíticos: a inexistência de custos de transação; a racionalidade dos agentes; a informação perfeita e simétrica; a possibilidade escolhas irrestritas; e a ausência de externalidades. ARAÚJO, Fernando. *Teoria Económica do Contrato*. Coimbra: Almedina, 2007. p. 181.

[28] NÓBREGA, Marcos. Contratos incompletos e infraestrutura: contratos administrativos, concessões de serviço público e PPPs. *Revista brasileira de direito administrativo e regulatório*, v. 1, 2010. p. 5.

[29] ARAÚJO, Fernando. *Teoria Económica do Contrato*. Coimbra: Almedina, 2007. p. 148.

de informação acerca dessas contingências, podendo uma parte da relação deter mais conhecimento do que a outra. Assim, os contratos devem ser interpretados e executados dessa forma, havendo uma análise racional dos incentivos e desincentivos que podem ser causados pelas cláusulas contratuais.

Um exemplo dessa busca pela racionalidade contratual é a previsão da matriz de riscos na Nova Lei de Licitações e Contratos Administrativos (art. 103 da Lei nº 14.133/2021), cuja existência em um contrato pode ajudar na solução de controvérsias decorrentes de contingências que possam surgir. Para tanto, os riscos podem ser alocados a cargo de uma das partes ou podem ser compartilhados, havendo mais segurança jurídica nessa previsão.

CAPÍTULO 2

FORMALIZAÇÃO DOS CONTRATOS ADMINISTRATIVOS

2.1 Procedimento para a formalização dos contratos

O contrato administrativo toma forma, do ponto de vista jurídico, quando é assinado pelas partes. Para chegar nesse ponto, há um procedimento a ser observado que tem início com o fim do procedimento licitatório.

A licitação termina quando há a adjudicação do objeto e a homologação do procedimento, quando não for o caso de revogação ou anulação,[30] de acordo com o art. 71, IV, da Lei nº 14.133/2021.

A adjudicação é o ato formal que declara qual foi o licitante vencedor da licitação e confere a ele um direito subjetivo à contratação, desde que nos exatos termos da proposta e de acordo com as condições estabelecidas no edital. Antes da adjudicação, o licitante tem mera expectativa de direito à contratação. Por sua vez, a homologação é o ato administrativo praticado pela autoridade superior competente que aprova o procedimento licitatório.

Uma vez estabelecido o licitante vencedor, a Administração Pública deverá convocá-lo para assinar o termo de contrato, nas

---

[30] Cabe ressaltar, contudo, que a adjudicação não supre eventuais nulidades existentes no certame, razão pela qual o Superior Tribunal de Justiça entende não haver perda superveniente do objeto de mandado de segurança impetrado em razão do procedimento licitatório (EDcl no AgInt no REsp nº 1.906.423/AM, relator Ministro Herman Benjamin, Segunda Turma, julgado em 04.10.2021, DJe de 01.02.2022).

condições estabelecidas no edital de licitação, nos termos do art. 90 da Lei nº 14.133/2021. Caberá ao edital estabelecer a documentação necessária para a formalização da contratação.

O prazo para a assinatura será estabelecido também no próprio edital e, caso não observado, haverá o decaimento do direito à contratação. Nesse ponto, há margem de discricionariedade para o estabelecimento do prazo de acordo com as peculiaridades de cada contrato, cabendo à Administração Pública avaliar a adequação.

No entanto, é necessário que haja cuidado para que o prazo seja efetivamente adequado para o caso concreto, uma vez que ele somente poderá ser prorrogado uma única vez, por igual período, desde que haja solicitação motivada do convocado durante seu transcurso (art. 90, §1º, da Lei nº 14.133/2021). O estabelecimento de prazo exageradamente exíguo gera o risco de tornar inútil todo o procedimento licitatório caso o contratado não consiga atender às condições do edital a tempo, mesmo com eventual prorrogação.

Outro ponto a ser observado é que as propostas apresentadas no âmbito da licitação terão prazo de validade estabelecido no edital. Na hipótese de ser ultrapassado esse prazo sem a convocação para a assinatura do contrato, o licitante não poderá ser punido pela recuso, estando liberado do compromisso assumido (art. 90, §3º, da Lei nº 14.133/2021). Esse prazo de validade da proposta é importante e serve para resguardar os direitos do licitante em face de potenciais variações de preços ocorridas entre a apresentação da proposta e a convocação para a contratação que possa tornar oneroso o cumprimento do contrato.

Na hipótese de, mesmo convocado dentro do prazo de validade da proposta, o licitante vencedor não assinar o contrato de maneira injustificada, caracterizará um descumprimento total da obrigação assumida, sujeitando-o às penalidades legais e à perda da garantia da proposta em favor da Administração Pública (art. 90, §5º, da Lei nº 14.133/2021). A infração, inclusive, está prevista expressamente no art. 155, VI, da Lei nº 14.133/2021.

Ademais, antes da formalização do contrato, caberá à Administração Pública, nos termos do art. 91, §4º, da Lei nº 14.133/2021, verificar a regularidade fiscal do contratado, consultar o Cadastro Nacional de Empresas Inidôneas e Suspensas (Ceis) e o Cadastro

Nacional de Empresas Punidas (Cnep), bem como emitir as certidões negativas de inidoneidade, de impedimento e de débitos trabalhistas e juntá-las ao respectivo processo.

Enfim, havendo a assinatura do contrato, ele estará formalizado e passará a obrigar as partes contratantes.

2.1.1 Convocação dos licitantes remanescentes

A Lei nº 14.133/2021, em atenção à possibilidade de o licitante vencedor não assinar o contrato e aos prejuízos que isso pode gerar, estabelece um procedimento subsidiário para a formalização do contrato com algum dos licitantes remanescentes.

Caso escoado o prazo do licitante vencedor para a assinatura do contrato, a Administração Pública terá a faculdade de convocar os licitantes remanescentes, na ordem de classificação estabelecida no procedimento licitatório. Nesse caso, contudo, os licitantes remanescentes convocados devem aceitar celebrar o contrato nas mesmas condições propostas pelo licitante vencedor (art. 90, §2º, da Lei nº 14.133/2021).

É possível que, mesmo após a convocação dos licitantes remanescentes, nenhum deles aceite as mesmas condições propostas pelo licitante vencedor. Nesse caso, de acordo com o §4º do art. 90 da Lei nº 14.133/2021, a Administração poderá adotar o seguinte procedimento, tendo sempre como parâmetro o valor estimado e sua eventual atualização nos termos do edital:

I – Em primeiro lugar, deverá convocar os licitantes remanescentes para negociação, de acordo com a ordem de classificação, com o propósito de obter o melhor preço, ainda que esse fique acima do preço adjudicatário;

II – Em seguida, caso frustrada a negociação de melhor condição, a Administração terá a faculdade de adjudicar e celebrar o contrato nas condições ofertadas pelos licitantes remanescentes, atendida a ordem classificatória.

É interessante notar que os licitantes remanescentes não estarão sujeitos à mesma penalidade do licitante vencedor em caso de recusa em assinar o contrato no momento da negociação mencionada, nos termos do art. 90, §6º, da Lei nº 14.133/2021.

2.2 Requisitos essenciais dos contratos administrativos

O primeiro requisito essencial aos contratos administrativos é a forma escrita. Os contratos verbais são nulos, ressalvados os casos específicos previstos no art. 95, §2º, da Lei nº 14.133/2021 (para pequenas compras ou de prestação de serviços de pronto pagamento, assim entendidos os de valor não superior a dez mil reais).

Essa formalidade é necessária para que toda a atuação da Administração Pública fique devidamente documentada e seja acessível a todos.[31] A publicidade é um requisito obrigatório para a eficácia do contrato e não há como dar publicidade efetiva a contratos verbais.

Além da forma escrita, o contrato deverá observar requisitos essenciais em relação às suas especificidades. É o caso dos contratos envolvendo direitos reais sobre imóveis, nos quais será necessária a formalização por meio de escritura pública lavrada em notas de tabelião, conforme prevê o art. 91, §2º, da Lei nº 14.133/2021. Essa formalidade a mais é necessária, uma vez que o art. 172 da Lei nº 6.015/1973 (Lei de Registros Públicos) exige a escrituração de quaisquer atos envolvendo direitos reais sobre imóveis, como requisito de validade em relação a terceiros. Portanto, a escritura pública é uma forma essencial à validade desse contrato.

Ademais, existem certas cláusulas que são obrigatórias e devem fazer parte da formalização de todos os contratos, como veremos adiante.

2.2.1 Cláusulas necessárias em todo contrato

Cada contrato administrativo terá especificidades próprias, mas, diante da necessidade de uma padronização com vistas à promoção da eficiência, o art. 92 da Lei nº 14.133/2021 estabelece as cláusulas que são obrigatórias em todo contrato. A previsão

---

[31] Em diversos momentos, a Lei de Licitações e Contratos Administrativos preconiza a necessidade de utilização da forma escrita, como no âmbito do processo licitatório (art. 12, I), na justificativa para a não utilização de catálogo eletrônico de padronização (art. 19, §2º), no contrato em si e em seus aditivos (art. 91), e no caso de extinção unilateral do contrato (art. 138, I).

não impede a inclusão de outras cláusulas que o contrato venha a demandar, constituindo, na verdade, um rol mínimo de regras para reger a relação contratual.

O adequado preenchimento de todas as cláusulas necessárias demanda atenção por parte da Administração Pública. Em que pese boa parte do regime jurídico contratual já estar previsto na própria lei, a deficiência na previsão do conteúdo das cláusulas de acordo com as nuances do caso concreto pode gerar problemas evitáveis.

Nesse sentido, é importante que haja uma análise dos aspectos específicos da contratação para que as cláusulas contratuais reflitam da melhor forma a relação jurídica entre os contratantes. Com isso, evita-se o surgimento de incertezas posteriores acerca das obrigações de cada uma das partes, o que pode dificultar ou mesmo impedir a adequada execução do objeto contratual.

2.2.1.1 Cláusula de cessão de direitos patrimoniais

O art. 93 da Lei nº 14.133/2021 prevê uma cláusula especial obrigatória envolvendo a cessão de direitos patrimoniais para certos contratos. Isso ocorrerá especialmente quando o objeto contratual envolver atividade intelectual criativa. Assim, a cessão permitirá à Administração utilizar e alterar livremente o produto da contratação, sem necessidade de nova autorização do autor.

Nesse contexto, a cessão de direitos patrimoniais deverá ser feita em favor da Administração Pública nas contratações de projetos ou de serviços técnicos especializados. Essa disposição é aplicável inclusive aos contratos que contemplem o desenvolvimento de programas e aplicações de internet para computadores, máquinas, equipamentos e dispositivos de tratamento e de comunicação da informação (software) – e a respectiva documentação técnica associada.

Tratando o contrato de projeto referente à obra imaterial de caráter tecnológico, insuscetível de privilégio, a cessão dos direitos patrimoniais incluirá o fornecimento de todos os dados, documentos e elementos de informação pertinentes à tecnologia de concepção, desenvolvimento, fixação em suporte físico de qualquer natureza e aplicação da obra (art. 93, §1º, da Lei nº 14.133/2021).

Entretanto, nos termos do art. 93, §2º, da Lei nº 14.133/2021, a cláusula de cessão poderá ser dispensada quando o objeto da contratação envolver atividade de pesquisa e desenvolvimento de caráter científico, tecnológico ou de inovação, de acordo com os mecanismos e os princípios da Lei nº 10.973/2004. Nesses casos, deixar de exigir a cessão de direitos pode representar um incentivo para o contratado, que poderá desenvolver a pesquisa e permanecer com os direitos sobre ela. Assim, a Administração Pública terá mais chances de escolher a melhor proposta de contratação.

2.2.1.2 Omissão de cláusula obrigatória

Sendo as cláusulas necessárias, por expressa disposição legal, pode surgir o questionamento acerca da manutenção da validade do contrato no caso de omissão de alguma delas. É certo que o ideal é um adequado planejamento que contemple todos os requisitos legais para a contratação. No entanto, a eventual ausência de cláusulas ainda é uma possibilidade e a solução para a questão dependerá da natureza daquela que for omitida.

Algumas cláusulas já decorrerão do edital e da documentação que instruiu o processo administrativo de licitação, como termos de referência, anteprojetos, projetos básicos e projetos executivos. É o que ocorre, a título de exemplo, com a descrição do objeto, o regime de execução, as condições de pagamentos e medições, bem como os prazos de execução. Nessas hipóteses, a ausência de previsão expressa no contrato desses elementos, apesar de não se tratar do cenário ideal, será possível a integração por meio da análise do procedimento licitatório.

Além disso, certas obrigações do contratado, como aquelas previstas nos incisos XVI e XVII do art. 92 da Lei nº 14.133/2021, já decorrem diretamente da lei e a ausência de previsão expressa no contrato não gerará, por si só, nulidade ou desoneração do contratado. Isso vale também para as penalidades aplicáveis por inexecução e para os casos de extinção do contrato (art. 92, XIV e XIX, da Lei nº 14.133/2021).

Por outro lado, no caso de ausência de fixação de prazo para resposta acerca dos pedidos de repactuação ou de reequilíbrio, é possível aplicar, de maneira subsidiária, o prazo de 1 (um) mês para decisão acerca de requerimentos do contratado previsto no art. 123, parágrafo único, da Lei nº 14.133/2021. Inclusive, para o caso específico de repactuação, o art. 92, §5º, da Lei nº 14.133/2021 já estabelece a preferência do prazo de um mês para a resposta acerca do pedido.

A nulidade em si poderá ser verificada em situações envolvendo cláusulas mais essenciais ao contrato, que tenham o condão de afetar a idoneidade do próprio procedimento licitatório, em especial se restar prejudica a competitividade e a busca pela seleção da proposta mais vantajosa. É o caso da ausência de devida caracterização do objeto e de seus elementos.[32]

2.2.1.2.1 Omissão de cláusula obrigatória e a Doutrina Christian

É interessante notar que a omissão de cláusulas obrigatórias em contratos governamentais tem uma solução própria no direito norte americano. Trata-se da Doutrina Christian (*Christian Doctrine*), que surgiu do julgamento do caso *G. L. Christian and Associates v. the United States*,[33] de 1963.

Em suma, a Doutrina Christian considera que as cláusulas contratuais obrigatórias por lei ou por regulamento com força de lei em relação devem ser consideradas como inseridas no contrato ainda que (intencionalmente ou não) tenham sido omitidas.

A problemática que deu origem à teoria surgiu quando a empresa *G.L. Christian and Associates* foi contratada pelo exército dos Estados Unidos para a construção de duas mil casas para soldados em Louisiana. Durante a execução contratual, o forte onde as casas ficariam localizadas foi desativado, levando o exército a extinguir

---

[32] Sobre o tema, o Tribunal de Contas da União já possui a Súmula 177: "A definição precisa e suficiente do objeto licitado constitui regra indispensável da competição, até mesmo como pressuposto do postulado de igualdade entre os licitantes, do qual é subsidiário o princípio da publicidade, que envolve o conhecimento, pelos concorrentes potenciais das condições básicas da licitação, constituindo, na hipótese particular da licitação para compra, a quantidade demandada uma das especificações mínimas e essenciais à definição do objeto do pregão".

[33] Cf. https://law.justia.com/cases/federal/appellate-courts/F2/312/418/53812/. Acesso em: 06 nov. 2022.

o contrato, alegando a cláusula de extinção por conveniência do governo, que está prevista no regulamento de aquisições das forças armadas. Entretanto, a cláusula não estava expressamente prevista no contrato assinado e, por isso, o contratado cobrou o pagamento de um montante diverso a título de rescisão contratual daquele derivado da aplicação da cláusula em questão.

No julgamento do caso, restou decidido que as cláusulas contendo uma "vertente profundamente arraigada da política de contratação pública"[34] devem ser consideradas como incluídas no contrato, ainda que omitidas. Dessa forma, não é qualquer cláusula que pode ser automaticamente incorporada ao contrato, mas apenas aquelas i) obrigatórias; e ii) capazes de expressar relevantes princípios governamentais.

A doutrina, contudo, não é aplicável a subcontratados. Como afirmado no caso *Energy Labs, Inc. v. Edwards Engineering, Inc.*,[35] a doutrina Christian foi formulada para ser aplicada na relação jurídica formada diretamente entre o governo e o contratado, tendo esse pleno conhecimento da relação. Logo, é razoável cobrar que o contratado tenha conhecimento das normas aplicáveis ao contrato. Por outro lado, no caso da subcontratação, a relação jurídica é formada entre particulares, não entre o subcontratado e o governo, de modo que a aplicação da doutrina para obrigar o subcontratado a ter conhecimento de normas aplicáveis a outro vínculo jurídico seria injusta.

2.2.2 Portal Nacional de Contratações Públicas

O Portal Nacional de Contratações Públicas (PNCP) é uma importante inovação da Lei nº 14.133/2021 que busca centralizar e uniformizar a divulgação dos atos relativos às licitações e aos contratos.

O §3º do art. 174 da Lei nº 14.133/2021 estabelece um rol de funcionalidades do PNCP. Elas abrangem o sistema de registro cadastral unificado, os painéis para consulta de preços, sistema de

---

[34] Tradução livre de "*deeply ingrained strand of public procurement policy*", conforme trecho da decisão G. L. Christian and Associates v. the United States, 312 F.2d 418 (Ct. Cl. 1963).

[35] Cf. https://scholar.google.com/scholar_case?case=14934417866719714122. Acesso em: 06 nov. 2022.

planejamento e gerenciamento de contratações, acessos a cadastros nacionais, um sistema eletrônico para a realização de sessões públicas e sistemas de gestão compartilhada de informações sobre a execução dos contratos com a sociedade.

Cabe ressaltar que o rol legal de funcionalidades do PNCP é apenas exemplificativo, não impedindo a inclusão de novas funções no futuro. Inclusive, uma oportunidade muito interessante que o portal trará é o de permitir a análise de macrodados (*big data*) em relação às licitações e aos contratos administrativos, o que abrirá espaço para que sejam tomadas decisões com maior eficiência.

Em relação especificamente aos contratos administrativos, o PNCP será o local onde eles serão divulgados. A publicidade desses contratos é condição indispensável para a eficácia do ajuste e de seus aditamentos. Nesse sentido, o art. 94 da Lei nº 14.133/2021 estabelece os prazos máximos para publicação: *i*) 20 (vinte) dias úteis, no caso de licitação; e *ii*) 10 (dez) dias úteis), no caso de contratação direta.

Para os contratos celebrados em regime de urgência, o §1º do art. 94 da Lei nº 14.133/2021 estabelece que, excepcionalmente, eles terão eficácia a partir da assinatura, mas, sob pena de nulidade, deverão ser publicados nos prazos apontados acima.

Além disso, tratando-se de contratos de obras, além da publicação pelo PNCP, a Administração também deverá divulgar em sítio eletrônico oficial, em até 25 (vinte e cinco) dias úteis após a assinatura do contrato, os quantitativos e os preços unitários e totais que contratar e, em até 45 (quarenta e cinco) dias úteis após a conclusão do contrato, os quantitativos executados e os preços praticados (art. 94, §3º, da Lei nº 14.133/2021).

2.2.3 Instrumentos equivalentes ao contrato

Nem sempre os ajustes decorrentes da Lei nº 14.133/2021 serão formalizados por contratos propriamente ditos. Em razão do formalismo, a regra é que o instrumento contratual seja obrigatório, mas o art. 95 da Lei nº 14.133/2021 prevê situações excepcionais em que ele pode ser substituído.

Nesse contexto, é admitida a substituição do contrato nos casos de dispensa de licitação em razão de valor ou, independentemente do valor, de compras com entrega imediata e integral dos bens adquiridos e dos quais não resultem obrigações futuras (inclusive quanto à assistência técnica).

Nessas hipóteses, podem ser adotados instrumentos simplificados, por exemplo, a carta-contrato, a nota de empenho de despesa, autorização de compra ou ordem de execução de serviço. Para esses instrumentos, não é necessário observar todas as cláusulas obrigatórias previstas no art. 92 da Lei nº 14.133/2021, sendo aplicáveis apenas as que couberem de acordo com o caso (art. 95, §1º, da Lei nº 14.133/2021).

2.2.4 Contratos verbais com a Administração Pública

Tendo em vista a necessidade de adoção da forma escrita, em regra, os contratos verbais são nulos e vedados,[36] mas o art. 95, §2º, da Lei nº 14.133/2021 ressalva os contratos verbais para pequenas compras ou prestação de serviços de pouco pagamentos, com valor não superior a R$10.804,08 (dez mil oitocentos e quatro reais e oito centavos).[37]

Em que pese a permissão legal para a realização de contratos verbais, é necessário ter cuidado para que a prática esteja dentro das conformidades. Ainda que o contrato em si seja dispensado, ainda será necessário justificar a compra e a escolha do fornecedor, de maneira expressa e escrita. O ideal é que a Administração Pública tome cautelas para documentar toda a contratação e utilize esse formato apenas em situações excepcionais ou emergenciais, não deixando margem para a má utilização de recursos públicos, ainda que esses sejam de pouca monta.

Ressalte-se que a vedação aos contratos verbais é estendida aos aditivos, sendo vedada também a promoção de alterações qualitativas ou quantitativas mediante mero ajuste verbal, conforme

---

[36] Em relação à nulidade dos contratos verbais, o Tribunal de Contas da União tem decisões que vinculam a aplicação de sanções ao gestor à comprovação de dano ao erário. Qualquer despesa realizada em cobertura contratual válida e formalizada é considerada uma irregularidade grave, implicando em multa e no julgamento de irregularidade das contas (Acórdão nº 2515/2009 – Plenário). Por outro lado, não havendo dano, o TCU já afirmou que haverá uma falha de natureza formal, resultando em ressalvas às contas dos responsáveis (Acórdão nº 3472/2014 – Plenário).

[37] Conforme atualização realizada pelo Decreto nº 10.922/2021.

jurisprudência consolidada do Tribunal de Contas da União.[38] No mesmo sentido, o pagamento de serviços não contemplados originalmente no contrato, sem a formalização de aditivo contratual, caracteriza contratação verbal.[39]

Também recebem o mesmo tratamento do ajuste verbal os casos de execução do objeto contratual antes[40] e após[41] a assinatura do contrato, tendo em vista a necessidade de observância do formalismo. Inclusive, o início da execução antes da assinatura do contrato não pode ser regularizado por meio da celebração do termo contratual com cláusula de vigência retroativa[42] ou pelo pagamento apenas após a assinatura do contrato.[43]

Entretanto, deve-se atentar para o fato de que a Administração Pública não pode enriquecer sem causa às custas do contratado. Assim, admite-se o reconhecimento do direito à indenização ao particular que presta serviços mediante autorização da Administração ainda que não haja cobertura contratual.[44]

2.2.5 *Blockchain* e contratos inteligentes

É interessante notar que a Lei nº 14.133/2021 admitiu a forma eletrônica na celebração dos contratos e seus termos aditivos, desde que atendidas as exigências previstas em regulamento. A forma eletrônica é uma tendência.

A previsão legal abre uma excelente margem para a regulamentação de novas tecnologias aplicáveis ao âmbito contratual, de modo a viabilizar e dar segurança à forma eletrônica. É o caso da tecnologia *blockchain*.

---

[38] TCU. Acórdão nº 2504/2014 – Primeira Câmara. Relator: Marcos Bemquerer, j. 03.06.2014, p. 16.06.2014.

[39] TCU. Acórdão nº 2348/2011 – Plenário. Relator: Raimundo Carreiro, j. 31.08.2011, p. 07.10.2011.

[40] TCU. Acórdão nº 346/2007 – Plenário. Relator: Ubiratan Aguiar, j. 14.03.2007.

[41] TCU. Acórdão nº 9749/2020 – Primeira Câmara. Relator: Augusto Sherman, j. 15.09.2020, p. 05.10.2020.

[42] TCU. Acórdão nº 5820/2011 – Segunda Câmara. Relator: André de Carvalho, j. 09.08.2011, p. 17.08.2011.

[43] TCU. Acórdão nº 2380/2013 – Plenário. Relator: Ana Arraes, j. 04.09.2013, p. 16.09.2012.

[44] TCU. Acórdão nº 2279/2009 – Plenário. Relator: Raimundo Carreiro, j. 30.09.2009, p. 02.10.2009.

O primeiro e mais famoso caso de utilização da *blockchain* ocorreu por meio da criptomoeda *bitcoin*. Entretanto, não demorou para se perceber que o seu uso poderia ser ampliado para dar mais segurança a diversas transações. De maneira muito resumida, a tecnologia funciona por meio de uma cadeia de resumos criptográficos na qual cada elemento faz referência ao resumo do bloco anterior. Com isso, é formada uma cadeia de blocos cronologicamente ordenada e protegida que não pode ser alterada sem alteração de todos os blocos seguintes, o que permite uma maior facilidade de auditoria.

A aplicação da tecnologia *blockchain* no setor público ainda está tomando forma. O Tribunal de Contas da União realizou, por meio do Acórdão nº 1613/2020 – Plenário, um estudo compreensivo sobre o tema, em que foram analisados os riscos e as vantagens, além de ter sido estabelecido o *framework* para a implementação da *blockchain* pela Administração Pública. Recentemente, inclusive, o Tribunal de Contas da União, em conjunto com o BNDES, anunciou o lançamento da Rede *Blockchain* Brasil, que representa um primeiro passo na adoção da tecnologia no âmbito da gestão pública.[45]

Por meio do uso dessa tecnologia inovadora, torna-se possível a celebração dos chamados "contratos inteligentes" (*smart contracts*), que, em resumo, são programas de computador que utilizam a tecnologia *blockchain* para executar os códigos formulados e formalizar negociações entre duas partes sem que intermediários sejam necessários.[46] Nesse contexto, os contratos inteligentes têm suas cláusulas contratuais vinculadas a blocos de dados criptografados e conectados que não podem ser alterados e que podem, com segurança, ser executados para o devido cumprimento.

Todo esse contexto ainda é muito recente e demandará um amadurecimento da Administração Pública para que seja adotado. São muitas as possibilidades e ainda será necessário avaliar com cuidado como as novas tecnologias podem ser incorporadas, em

---

[45] Disponível em: https://portal.tcu.gov.br/imprensa/noticias/tcu-e-bndes-lancam-rede-blockchain-brasil-e-definem-proximos-passos.htm. Acesso em: 31 ago. 2022.

[46] NÓBREGA, Marcos; HEINEN, Juliano. As forças que mudarão a administração pública pós-covid: transparência 2.0; blockchain e smart contracts. *A&C – Revista de Direito Administrativo & Constitucional*, v. 21, n. 85, p. 223, 2021.

especial no âmbito dos contratos administrativos, cujo regramento é específico e, sob certo ponto de vista, bastante engessado.[47]

2.3 Garantias contratuais

A exigência de garantia contratual é uma faculdade a ser exercida a critério da autoridade competente, mediante previsão em edital, nas contratações de obras, serviços e fornecimentos, nos termos do art. 96 da Lei nº 14.133/2021.

Essa modalidade não deve ser confundida com a garantia de proposta. Essa é apresentada no âmbito do procedimento licitatório, como requisito de pré-habilitação, não podendo superar 1% (um por cento) do valor estimado da contratação (art. 58 da Lei nº 14.133/2021). O que se busca com a garantia de proposta é dar segurança no que tange à capacidade econômico-financeira do licitante, evitando-se a apresentação de propostas por aqueles que não detenham capacidade mínima para o cumprimento do objeto do futuro contrato. Além disso, a garantia da proposta será perdida em favor da Administração em caso de recusa injustificada à assinatura do contrato (art. 90, §4º, da Lei nº 14.133/2021).

A garantia contratual, por sua vez, é exigida em relação à execução do contrato e visa resguardar a Administração Pública em face de eventual inexecução do objeto pretendido. Nesse sentido, havendo extinção do contrato sem que haja culpa exclusiva da Administração, será possível a execução da garantia para ressarcimento por prejuízos decorrentes da inexecução do contrato, pelo pagamento de verbas e multas eventualmente devidas, bem como, quando for o caso, para a assunção da execução e conclusão do objeto do contrato pela seguradora.

---

[47] Há, inclusive, quem defenda a completa impossibilidade de adoção dos contratos inteligentes no âmbito dos contratos administrativos por conta da necessária mutabilidade desses contratos decorrente das prerrogativas da Administração Pública (ITO, Christian; SOUSA SANTOS, Fábio de. E-Procurement e Contratos inteligentes: desafios da modernização tecnológica da contratação pública no Brasil. *International Journal of Digital Law*, v. 1, n. 2, p. 55-69, 2020. Disponível em: https://journal.nuped.com.br/index.php/revista/article/view/511. Acesso em: 16 set. 2022). No entanto, pode ainda ser cedo para afirmar que as prerrogativas impedem o uso das novas tecnologias, já que será necessário avaliar se a estrutura dos contratos inteligentes não permitiria certa maleabilidade prevista desde o início do contrato. Ainda parece muito cedo para afirmar que a tecnologia não servirá para os contratos administrativos.

Caso exigida, a garantia poderá, a critério do contratado, assumir uma das seguintes formas: *i*) caução em dinheiro ou em títulos da dívida pública emitidos sob a forma escritural, mediante registro em sistema centralizado de liquidação e de custódia autorizado pelo Banco Central do Brasil, e avaliados por seus valores econômicos, conforme definido pelo Ministério da Economia; *ii*) seguro-garantia; ou *iii*) fiança bancária emitida por banco ou instituição financeira devidamente autorizada a operar no país pelo Banco Central do Brasil.

Mesmo após a opção do contratado pela modalidade de garantia, ela ainda poderá ser modificada e substituída. Para tanto, será necessário o aditamento do contrato, mediante acordo entre as partes e avaliação de conveniência e oportunidade (art. 124, II, "b", da Lei nº 14.133/2021).

Quanto aos percentuais aplicáveis às garantias, a regra geral para obras, serviços e fornecimentos é de que ela seja de até 5% do valor inicial do contrato (art. 98 da Lei nº 14.133/2021). No entanto, esse percentual pode ser majorado para até 10% mediante justificativa baseada na análise da complexidade técnica e dos riscos envolvidos na contratação. Para o caso de serviços e fornecimentos contínuos, havendo vigência contratual superior a 1 (um) ano, o valor anual do contrato será utilizado para a definição dos percentuais.

Já nas obras e serviços de engenharia de grande vulto, a lei admite a utilização de um percentual maior para a garantia, de modo a dar mais segurança à execução do contrato. Nesses casos, o edital poderá prever a exigência de garantia de até 30% do valor inicial do contrato (art. 99 da Lei nº 14.133/2021). Cabe ressaltar que o grande vulto está atrelado ao valor estimado da contratação, aplicando-se a regra quando ele superar R$216.081.640,00 (duzentos e dezesseis milhões oitenta e um mil seiscentos e quarenta reais), nos termos do art. 6º, XXII, da Lei nº 14.133/2021.[48]

Além do percentual estabelecido por lei, a garantia poderá sofrer um acréscimo de valor para os contratos que impliquem na entrega de bens pela Administração, dos quais o contratado ficará depositário. Dessa forma, o art. 101 da Lei nº 14.133/2021 confere

---

[48] Utilizando-se o valor atualizado pelo Decreto nº 10.922/2021.

uma segurança adicional para os bens de que o contratado venha a ser depositário.

Após a adequada execução contratual ou após a extinção do contrato por culpa exclusiva da Administração, o contratado será liberado da garantia, de acordo com o art. 100 da Lei nº 14.133/2021. Caso ela tenha sido prestada em dinheiro, esse será restituído, mediante atualização monetária.

2.3.1 Regramentos específicos do seguro-garantia

O seguro-garantia é a modalidade de caução mais abordada pela Lei nº 14.133/2021 e é bastante comum que ela seja utilizada. Por meio dele, uma seguradora garantirá o fiel cumprimento das obrigações assumidas pelo contratado perante a Administração, incluindo multas, prejuízos e indenizações decorrentes do inadimplemento contratual.

De acordo com o art. 97 da Lei nº 14.133/2021, o prazo de vigência da apólice deverá ser igual ou superior ao prazo estabelecido no contrato principal e deverá acompanhar as modificações referentes à vigência desse mediante a emissão do respectivo endosso pela seguradora. No entanto, no caso de contratos de execução continuada, a apólice poderá ser substituída na data de renovação ou de aniversário do contrato, mantidas as condições e coberturas. Além disso, há previsão expressa de que o seguro-garantia continuará em vigor mesmo se o contratado não pagar o prêmio nas datas convencionadas.

2.3.1.1 Cláusula de retomada no seguro-garantia

Nos contratos de obras e serviços de engenharia, é possível exigir que o seguro-garantia contenha uma cláusula de retomada, mediante previsão no edital da licitação (art. 102 da Lei nº 14.133/2021). Por meio dela, a seguradora será obrigada a assumir e concluir o objeto contratual em caso de inadimplemento do contrato. Dessa maneira, a Administração Pública passa a ter uma garantia a mais da execução contratual, especialmente em contratos nos quais o resultado é mais importante do que a execução em si.

Apesar de o *caput* do art. 102 da Lei nº 14.133/2021 falar em obrigatoriedade de assunção do objeto por parte da seguradora, a melhor interpretação do dispositivo, em conjunto com seu parágrafo único, é a de que caberá à seguradora optar por prosseguir com o contrato ou pagar a importância segurada. Nesse contexto, havendo a assunção do objeto pela seguradora, ela ficará isenta da obrigação de pagar a importância segurada indicada na apólice. Caso, entretanto, ela não assuma a execução do contrato, ainda será devido o pagamento da integralidade do valor segurado, nos termos do art. 102, parágrafo único, da Lei nº 14.133/2021.

Quando o seguro-garantia contiver a cláusula de retomada e ela for acionada, a seguradora firmará o contrato, inclusive os aditivos, como interveniente e anuente, tendo livre acesso às instalações e ao acompanhamento da execução do contrato principal. Também poderá ter acesso à auditoria técnica e contábil e requerer esclarecimentos ao responsável técnico pela obra ou pelo fornecimento.

Além disso, a seguradora, apesar de assumir a responsabilidade pelo objeto do contrato, não será obrigada a executá-lo diretamente. Nesse sentido, o art. 102, III, da Lei nº 14.133/2021, admite a subcontratação total ou parcial do objeto por parte da seguradora. Com isso, sendo admitida a subcontratação total, tem-se uma exceção à regra de que a subcontratação deve abranger apenas partes da obra, de acordo com o art. 122 da Lei nº 14.133/2021.

Por fim, a emissão dos empenhos para pagamento em nome da seguradora ou de quem ela indicar como subcontratado será autorizada apenas com a demonstração da regularidade fiscal, havendo, assim, uma flexibilização dos demais requisitos de habilitação.

2.4 Alocação de riscos e matriz de riscos

O art. 103 da Lei nº 14.133/2021 prevê que o contrato poderá identificar riscos contratuais previstos e presumíveis e, diante disso, estabelecer matriz de alocação de riscos entre os contratantes. Com isso, haverá a indicação dos riscos a serem assumidos pelo setor público ou pelo setor privado ou daqueles a serem compartilhados.

A execução contratual está sujeita à interferência de riscos externos às vontades dos contratantes. Esses riscos, caso verificados, podem ter como resultado o desequilíbrio das contraprestações e, diante disso, será necessário identificar qual parte da relação contratual deve responder pelos prejuízos. Dessa forma, a lei faculta à Administração a previsão expressa e prévia de como ocorrerá a alocação das responsabilidades pelos riscos.

Cabe esclarecer que os riscos são eventos de ocorrência futura e incerta que podem representar uma variação no valor contratual de maneira positiva ou negativa, para uma ou ambas as partes.[49] Diante da imprevisibilidade desses eventos ou da incerteza acerca de sua ocorrência ou de seus efeitos, diversas práticas de gestão de riscos foram desenvolvidas para dar mais segurança à execução de projetos ou de objetos contratuais. Nesse contexto, surgiu a matriz de riscos como mecanismo de gestão, que é um documento responsável pela apresentação dos riscos de determinado negócio de maneira compreensiva e categorizada.

Uma matriz de riscos pode existir por conta própria, sem que envolva uma alocação de riscos entre contratantes. Ela poderá ser utilizada em projetos específicos ou para a instituição como um todo, permitindo a análise dos riscos envolvidos no negócio e das possibilidades de mitigação. No entanto, além da matriz de riscos, um passo a mais é a realização da alocação dos riscos identificados entre partes contratantes. É por isso que a nomenclatura utilizada pela Lei nº 14.133/2021 trata da matriz de alocação de riscos. No caso, os riscos da execução do contrato devem ser identificados, avaliados e, posteriormente, alocados entre os contratantes.

A importância da matriz de riscos reside na possibilidade de melhor previsão, mitigação e alocação dos riscos contratuais, admitindo, assim, um cálculo mais aproximado do valor estimado da contratação e estabelecendo as bases para a análise do equilíbrio econômico-financeiro. É por isso que os entes federativos deverão estabelecer metodologias predefinidas para a elaboração de matrizes de risco, de modo a permitir uma análise adequada e o mais objetiva possível, que possa ser replicada em diversos contratos.

---

[49] IRWIN, Timothy. *Government guarantees*: allocating and valuing risk in privately financed infrastructure projects. Nova Iorque: World Bank Publications, 2007. *E-book*. p. 5.

Em regra, a matriz de riscos será facultativa. No entanto, a lei prevê que ela será obrigatória para obras e serviços de grande vulto ou para contratações que adotem os regimes de contratação integrada e semi-integrada (art. 22, §3º, da Lei nº 14.133/2021). A justificativa para tanto reside no fato de que esses contratos são notoriamente complexos e envolvem grandes valores, o que atrai a necessidade de uma alocação prévia das responsabilidades pelos riscos relativos à execução do objeto.

É necessário pontuar que a lei fala em matriz de riscos em dois momentos distintos. O primeiro deles diz respeito à possibilidade de inclusão à matriz no edital da licitação (art. 22 da Lei nº 14.133/2021). Posteriormente, a matriz de riscos é tratada no âmbito contratual (art. 103 da Lei nº 14.133/2021). Trata-se da mesma matriz de riscos, mas ela cumprirá uma função específica na fase licitatória: a de permitir que o cálculo do valor estimado da contratação leve em consideração taxa de risco compatível com o objeto a ser contratado e com os riscos atribuídos ao contratado.

Uma vez estabelecida a matriz de riscos, o contrato deverá refletir a alocação de responsabilidades realizada, especialmente quanto: *i*) às hipóteses de alteração para o restabelecimento da equação econômico-financeira do contrato nos casos em que o sinistro seja considerado na matriz de riscos como causa de desequilíbrio não suportada pela parte que pretenda o restabelecimento; *ii*) à possibilidade de resolução quando o sinistro majorar excessivamente ou impedir a continuidade da execução contratual; e *iii*) à contratação de seguros obrigatórios previamente definidos no contrato, integrado o custo de contratação ao preço ofertado.

2.4.1 Formulação da matriz de riscos

Segundo o art. 6º, XXVII, da Lei nº 14.133/2021, a matriz de riscos é uma cláusula contratual definidora de riscos e de responsabilidades entre as partes e caracterizadora do equilíbrio econômico-financeiro inicial do contrato, em termos de ônus financeiro decorrente de eventos supervenientes à contratação.

Nos contratos resolvidos de maneira instantânea, como aqueles que envolvem tradição e pronto pagamento, é mais difícil a verificação da interferência de contingências. Nesses casos, os custos que envolvem a formulação de uma matriz de risco podem não superar os benefícios que ela trará, já que a própria lei tem regramentos para o descumprimento contratual (art. 155 da Lei nº 14.133/2021).

Caso, em razão dos custos de transação que seriam necessários para a previsão total das contingências a que estão sujeitos os contratos administrativos e da notória limitação dos recursos públicos, a matriz de riscos não seja viável, a alocação dos riscos entre os contratantes ficará sujeita à identificação das áleas contratuais e à recomposição do equilíbrio econômico-financeiro de acordo com o caso concreto. Para tanto, será necessário identificar a causalidade relativa às condutas de cada uma das partes e a distribuição justa dos ônus a serem suportados, levando em consideração o interesse público acerca do objeto contratual.

No entanto, quando há execução diferida ou prolongada no tempo, os riscos e as chances de incidência aumentam na mesma medida em que aumenta a duração do ajuste. Assim, é nesses contratos que a matriz de riscos pode ser útil.

Nos casos em que a matriz de riscos for incorporada ao contrato, ela identificará os riscos contratuais e estabelecerá qual parte responderá por cada um e quais serão compartilhados. Assim, as partes já saberão de antemão quais obrigações podem surgir na execução contratual.

A matriz de riscos tem alguns requisitos mínimos estabelecidos pela própria Lei nº 14.133/2021. Em primeiro lugar, deverá haver uma listagem de possíveis eventos supervenientes à assinatura do contrato que possam causar impacto em seu equilíbrio econômico-financeiro e previsão de eventual necessidade de prolação de termo aditivo por ocasião de sua ocorrência;

No caso de obrigações de resultado, será necessário o estabelecimento das frações do objeto com relação às quais haverá liberdade para os contratados inovarem em soluções metodológicas ou tecnológicas, em termos de modificação das soluções previamente delineadas no anteprojeto ou no projeto básico;

Por sua vez, havendo obrigações de meio, será devido o estabelecimento preciso das frações do objeto com relação às quais não haverá liberdade para os contratados inovarem em soluções metodológicas ou tecnológicas, devendo haver obrigação de aderência entre a execução e a solução predefinida no anteprojeto ou no projeto básico, consideradas as características do regime de execução no caso de obras e serviços de engenharia.

A elaboração da matriz de risco depende de três elementos principais: *i*) Os fatores de risco; *ii*) A probabilidade de ocorrência de um evento elencado como fator de risco; e *iii*) As consequências da ocorrência de um evento de risco. Com base nesses elementos, será feita uma análise acerca da alocação dos riscos entre as partes contratantes de acordo com certos parâmetros.[50]

Nesse contexto, o primeiro ponto é analisar quais são os fatores de risco incidentes sobre o contrato, tanto previstos (com maior potencial de ocorrência) quanto presumíveis (cuja ocorrência é possível prever). Esse trabalho demanda certo conhecimento do objeto contratual e de sua execução, preferencialmente sendo aliado a uma base de dados estatísticos. O mesmo valerá para a classificação da probabilidade de ocorrência e das consequências dos eventos de risco. Quanto maior a disponibilidade de dados e a experiência de quem faz a matriz, melhor será a alocação dos riscos contratuais.

Com esses três elementos, será possível elaborar a matriz, que poderá ser representada por meio de um gráfico. As probabilidades de ocorrência podem ser expressas em percentuais ou em termos (alta, moderada, baixa, por exemplo), a depender da adoção da forma quantitativa ou qualitativa de análise. Já as consequências normalmente serão avaliadas em termos. A quantidade de termos a ser utilizada para cada um dos elementos dependerá do grau de precisão que se pretende obter com a matriz de riscos. A título de exemplo, as consequências podem ser classificadas em nulas, muito leves, leves, moderadas, graves e muito graves.

Uma vez formulada a matriz, será necessário avaliar qual das partes responderá por cada fator de risco, caso verificado,

---

[50] A título de exemplo, o Departamento de Transportes da Califórnia (CALTRANS – California Department of Transportation. *Project Risk Management Handbook*: A Scalable Approach, 2012) estabelece as seguintes etapas em sua metodologia de gestão de riscos em contratos: i) planejamento da gestão dos riscos; ii) identificação de riscos; iii) análise qualitativa dos riscos; iv) análise quantitativa dos riscos; v) desenvolvimento de respostas aos riscos; vi) monitoramento dos riscos identificados.

ou em quais casos haverá responsabilidade compartilhada. Essa alocação dos riscos demanda uma análise de congruência em relação às capacidades das partes para a adoção de medidas preventivas e para a absorção dos custos sem que haja onerosidade excessiva.[51]

Nesse sentido, de acordo com o art. 103, §1º, da Lei nº 14.133/2021, a alocação considerará, em compatibilidade com as obrigações e os encargos atribuídos às partes no contrato, a natureza do risco, o beneficiário das prestações a que se vincula e a capacidade de cada setor para melhor gerenciá-lo. Havendo cobertura oferecida por seguradoras para determinado risco, ele será preferencialmente transferido ao contratado (art. 103, §2º, da Lei nº 14.133/2021).

Para as contratações integradas ou semi-integradas, nas quais caberá ao contratado elaborar e desenvolver os projetos básico e executivo, ou apenas o executivo, a lei já estabelece que os riscos decorrentes de fatos supervenientes à contratação associados à escolha da solução de projeto básico pelo contratado deverão ser alocados como de sua responsabilidade na matriz de riscos (art. 22, 4º, da Lei nº 14.133/2021).

---

[51] Timothy Irwin propõe um interessante princípio para a alocação de riscos, baseado na capacidade de cada parte do contrato para lidar com diferentes aspectos do evento de risco. Nesse contexto, a alocação determinada pelo princípio levará em consideração os seguintes aspectos: i) capacidade de influência sobre a probabilidade de ocorrência do fator de risco; ii) capacidade para se antecipar ou dar uma resposta ao fator de risco; iii) capacidade para absorção dos impactos evento de risco.

Com base no princípio proposto, o primeiro critério para a alocação do risco leva em conta a capacidade de influenciar a probabilidade de ocorrência do fator de risco. Obviamente, caso a alocação do risco não recai sobre aquele que detém essa capacidade, haverá um incentivo para que a parte não evite o risco ou mesmo para que tome medidas para que o evento de risco ocorra, já que a parte contrária será onerada. Dessa forma, esse aspecto da alocação busca minimizar o risco moral relativo a um possível comportamento oportunista.

Não sendo possível a qualquer das partes influenciar a probabilidade de ocorrência do fator de risco, deve-se recorrer à capacidade de antecipação ou de resposta. Nesse caso, a alocação do risco recairá sobre a parte capaz de controlar a sensibilidade do valor total do projeto ao fator de risco, seja tomando medidas para reduzir a sensibilidade, em caso de riscos negativos, ou para aumentar a sensibilidade, em caso de riscos com resultados positivos.

O terceiro aspecto, então, é utilizado quando os anteriores não são suficientes e a alocação de risco deverá recair sobre quem puder absorver da melhor forma os efeitos do fator de risco. Essa capacidade de absorção dependerá de diversos fatores, como o tamanho do contrato em relação aos demais firmados pela parte e a capacidade de repassar os impactos do risco a terceiros (especialmente por meio da contratação de seguros). (IRWIN, Timothy. *Government guarantees*: allocating and valuing risk in privately financed infrastructure projects. Nova Iorque: World Bank Publications, 2007. *E-book*. p. 56-62).

2.4.2 As fragilidades da matriz de alocação de riscos e proposições de mitigação[52]

Estabelecidas algumas premissas da análise, é possível identificar as fragilidades envolvidas na elaboração de uma matriz de riscos e seus efeitos sob a ótica da Análise Econômica do Direito e da racionalidade envolvida nos aspectos da matriz.

Como visto, o procedimento de formulação da matriz de riscos não é completamente padronizável, tendo em vista que diferentes contratos demandarão diferentes matrizes. Entretanto, a adoção de uma metodologia replicável tanto para a identificação quanto para a alocação dos riscos é importante para que haja segurança e eficiência. Caso não haja uma metodologia predefinida, há a possibilidade de cada órgão dentro de um mesmo ente federativo avaliar os riscos de maneira diversa para contratos semelhantes. O resultado disso seria a realização de contratações ineficientes do ponto de vista de precificação dos riscos e de alocação de responsabilidades. No entanto, uma dificuldade é estabelecer metodologias prévias que gerem consistência nos métodos de identificação e alocação de riscos, já que mesmo entre objetos semelhantes podem existir divergências em razão das especificidades de cada contrato.

Além disso, mesmo dentro de uma metodologia estabelecida, por definição, a matriz de riscos está sujeita aos limites decorrentes dos custos de transação. A completa previsão dos riscos que podem incidir sobre determinado contrato demandará estudos e análises que custarão tempo e dinheiro, podendo não trazer resultados compensatórios para a Administração Pública. Dessa forma, pode haver um incentivo à aceitação da incompletude contratual, com a formulação de matrizes de alocação de riscos focadas apenas nos riscos que sejam considerados de maior vulto e impacto.

Também há certo grau de subjetividade na matriz de riscos, tanto na identificação quanto na alocação, e o grau de certeza da

---

[52] As conclusões do presente tópico decorrem de artigo científico de nossa autoria denominado "A expansão do uso da matriz de riscos nos contratos administrativos: análise de fragilidades e proposições de mitigação", submetido e aceito para apresentação no XV Congresso Anual da Associação Brasileira de Direito e Economia (ABDE). Ao tempo da edição deste livro, o artigo ainda não fora objeto de publicação.

matriz dependerá em grande medida do grau de certeza que se tenha acerca de dois fatores: do conhecimento dos riscos relativos ao contrato e de suas consequências; e da probabilidade de ocorrência de cada um desses riscos. O grau de certeza acerca de ambos os fatores dependerá, naturalmente, da quantidade de dados e estudos disponíveis no momento de formulação da matriz de riscos.[53]

Portanto, existem diferentes formas e metodologias para a elaboração de uma matriz de riscos. Com isso, a qualidade da matriz estará sujeita à capacidade de análise da melhor e mais eficiente forma de alocação de riscos diante do caso concreto, o que atrai o risco de subjetividade, caso não exista uma metodologia objetivamente definida. Mesmo entre setores idênticos, a alocação dos riscos pode ser variada, a depender das circunstâncias de cada contrato.

Ademais, os próprios limites da cognição humana em relação à previsibilidade de eventos incertos em um contexto de complexidade já representam, por si, uma fragilidade da matriz de riscos. Em retrospectiva, todo risco pode ser uma certeza. A análise do passado permite identificar a cadeia de eventos que levaram à concretização daquele evento considerado como risco e que afeta a execução contratual. Essa cadeia organizada, contudo, pode existir apenas em retrospecto.

Nassim Nicholas Taleb[54] chama de "Cisne Negro" o evento fora da curva (que foge das expectativas ordinárias), que tem um extremo impacto, mas que é imprevisível de forma prospectiva. A terminologia

---

[53] Um estudo comparativo que levou em consideração as preferências de alocação de riscos em parcerias público-privadas em quatro países (Reino Unido, Grécia, China e Hong Kong) serve para ilustrar as diferentes metodologias de alocação existentes. De acordo com as análises de Ke *et al.*, apesar de haver um certo padrão nas preferências de alocação de riscos, as similaridades não são constantes e certos contrastes puderam ser identificados. Um exemplo claro de contraste encontrado diz respeito à alocação de riscos de relacionamento, cuja alocação, na China, é preferencialmente compartilhada, mas na Grécia eles são preferencialmente alocados para o parceiro privado. O estudo identificou seis riscos de relacionamento: risco de organização e coordenação; riscos de experiências inadequadas em PPPs; risco de distribuição inadequada de responsabilidades; risco de inadequada distribuição de autoridade na parceria; risco de divergências entre métodos de trabalho e de know-how entre os parceiros; e risco de falta de comprometimento dos parceiros. (KE, Yongjian; WANG, ShouQing; CHAN, Albert PC. Risk allocation in public-private partnership infrastructure projects: comparative study. *Journal of infrastructure systems*, v. 16, n. 4, p. 343-351, 2010).

[54] TALEB, Nicholas Nassim. *A lógica do Cisne Negro*: O impacto do altamente improvável. Tradução: Renato Marques de Oliveira. São Paulo: Objetiva, 2021.

adotada pelo autor surgiu do fato de que, até a descoberta da existência de cisnes com plumagem negra na Austrália, as pessoas estavam certas de que todos os cisnes eram brancos. O exemplo serve para ilustrar como a previsibilidade de eventos futuros baseada nas experiências passadas também pode ser frágil.

Ainda assim, é necessário conhecer o passado para prever razoavelmente bem o futuro. Os dados estatísticos são um bom indicativo dos riscos associados a determinados empreendimentos, mesmo que não sejam perfeitos. Talvez seja o mais próximo que temos de uma capacidade aceitável de previsão de eventos incertos. Inclusive, Frank Knight[55] distinguiu claramente os riscos das incertezas. Na classificação adotada, os riscos correspondem a eventos incertos sobre os quais as probabilidades de ocorrência são conhecidas. Quando não se sabe das probabilidades de ocorrência do evento, tem-se apenas uma incerteza. Dessa forma, a classificação mais apropriada de risco envolve um cálculo de probabilidade que somente é possível com certo conhecimento do evento.

O problema é que o gestor público nem sempre terá acesso a dados estatísticos bem coletados e formulados. Esses dados variam de acordo com o objeto contratual e podem variar até mesmo em relação a um mesmo objeto, em razão de diferentes locais de execução do contrato. Nesse sentido, um mesmo objeto contratual pode admitir diferentes matrizes de riscos, a depender dos fatores específicos incidentes sobre cada contrato.

É por isso que, além da disponibilidade de dados estatísticos, o conhecimento do negócio é essencial para a formulação de uma boa matriz de alocação de riscos. No entanto, é cediço que a Administração Pública lida com uma alta variabilidade de objetos contratuais, o que dificulta o conhecimento profundo de cada tipo de negócio. A *expertise* depende da especialização e da experiência e quanto maior a variabilidade de objetos, mais difícil e custosa se torna a sua obtenção.

Por conseguinte, pode haver uma assimetria de informação no caso, tendo em vista que o contratado poderá ter mais conhecimento do negócio, dos riscos associados à execução contratual e das medidas necessárias para a mitigação do que a Administração Pública. Essa

---

[55] KNIGHT, Frank. *Risk, uncertainty and profit*. Cambridge: The Riverside Press, 1921. p. 233.

assimetria tem o potencial de causar distorções na alocação de riscos, fazendo com que a Administração assuma ou compartilhe riscos sobre os quais o contratado teria plena possibilidade de adotar medidas mitigadoras. No entanto, não haverá qualquer incentivo para que o contratado demonstre esse conhecimento.

A lógica da Nova Lei de Licitações e Contratos Administrativos acaba por transferir para as autoridades públicas uma expectativa de conhecimento superior ao de uma pessoa ordinária na previsão de riscos e no trato deles em caso de ocorrência. O risco envolvido nessa constatação é a possibilidade de a formulação da matriz de riscos ocorrer por meio de uma espécie de tentativa de adivinhação ou aposta, de maneira marcadamente subjetiva e imprecisa.

Dentro desse panorama, uma matriz de riscos fácil de construir pode ser difícil de aplicar. A fragilidade da especificação dos riscos ou da alocação deles pode gerar controvérsias ainda maiores entre os contratantes, tornando necessário o recurso a meios de resolução de controvérsias. Em última análise, a matriz de riscos inadequada pode levar uma controvérsia ao Poder Judiciário, algo que é notoriamente custoso para ambas as partes.

Além disso, a matriz de riscos é feita unilateralmente pela Administração Pública, antes mesmo de as propostas serem apresentadas pelos licitantes, o que pode levar a decisões incorretas, que consideram apenas um dos lados da relação jurídica.[56]

A unilateralidade da formulação da matriz de riscos nos contratos administrativos, associada à subjetividade da alocação dos riscos, significa que não há uma cooperação com o contratado, o que pode resultar em matrizes inadequadas e até mesmo injustas. O responsável técnico pela matriz e pela alocação dos riscos pode, a depender da situação, alocar mais riscos no particular do que o necessário ou convencionalmente aceito, o que poderá, por sua vez, ocasionar um aumento na precificação das propostas, conflitos contratuais futuros ou o desinteresse na apresentação de propostas.

---

[56] Como identificado por PECKIENE *et al.* em revisão de literatura sobre a alocação de riscos em contratos de construção, decisões tomadas apenas sob o prisma de uma das partes são frequentemente incorretas para a outra parte, o que resulta em conflitos na execução do contrato (PECKIENE, Aurelija; KOMAROVSKA, Andzelika; USTINOVICIUS, Leonas. Overview of risk allocation between construction parties. *Procedia Engineering*, v. 57, p. 893, 2013).

CAIO FELIPE CAMINHA DE ALBUQUERQUE
CONTRATOS ADMINISTRATIVOS

Há, da mesma forma, o risco de a Administração Pública receber uma exacerbada alocação dos riscos contratuais simplesmente por suas características principais enquanto entidade governamental. A Administração pode ser aparentemente muito mais propensa para a absorção de um risco isoladamente considerado, tendo em vista sua capacidade orçamentária e a capacidade de distribuir o risco coercitivamente pela sociedade.[57] O problema é que essas características não são completamente verdadeiras quando analisadas com base no agregado de todos os contratos administrativos. Um gestor público incauto poderia, diante dessas aparentes características, determinar uma assunção maior de riscos por parte da Administração, até mesmo como forma de reduzir a precificação dos riscos por parte dos interessados no contrato.

A avaliação demonstra a existência de pelo menos seis fragilidades no processo de elaboração de uma matriz de alocação de riscos: *i*) Dificuldades na elaboração de metodologias predefinidas que sejam replicáveis e efetivas, mesmo entre objetos contratuais semelhantes; *ii*) Limitações na identificação e na alocação de riscos decorrentes de custos de transação, de subjetividade e de limitações cognitivas; *iii*) Ausência de dados estatísticos precisos sobre as contingências contratuais; *iv*) Ausência de *expertise* em relação ao mercado no qual o objeto contratual está inserido; *v*) Potenciais assimetrias de informação acerca dos riscos do negócio; e *vi*) Unilateralidade da formulação da matriz e da alocação dos riscos.

Nesse contexto, a seguir serão apresentadas proposições que servem para a mitigação das fragilidades da matriz de riscos, de modo a torná-la mais eficaz.

2.4.2.1 Utilização de metodologias predefinidas e adaptáveis

A problemática da elaboração de metodologias predefinidas que sejam replicáveis e efetivas para as matrizes de riscos pode ser mitigada por meio da adoção de metodologias predefinidas adaptáveis.

---

[57] IRWIN, Timothy. *Government guarantees*: allocating and valuing risk in privately financed infrastructure projects. Nova Iorque: World Bank Publications, 2007. *E-book*. p. 17.

As metodologias para formulação da matriz e para a alocação dos riscos devem levar em consideração não apenas a experiência do ente contratante, mas também as experiências de outros órgãos e de outras instituições. Uma parcela considerável das questões advindas da alocação de riscos será similar entre contratos com o mesmo objeto, que faz com que as metodologias predefinidas tragam benefícios tanto pela redução dos custos de elaboração da matriz quanto pela consistência na precificação dos riscos contratuais.

Por outro lado, pode ser um erro a padronização de contratos antes do acúmulo de experiências e de boas práticas nos entes governamentais.[58] Dessa forma, a padronização desacompanhada da necessária maturidade para a análise das especificidades de cada projeto pode não trazer os benefícios esperados. Por outro lado, aguardar demais tem o potencial de tornar os contratos ineficientes, fazendo com que a Administração não tenha as vantagens da padronização.

Nesse contexto, a Administração Pública pode ficar presa em um dilema difícil de solucionar. A utilização de metodologias predefinidas deve ter o mínimo de abertura ao diálogo interinstitucional e às experiências de outros entes,[59] sendo adaptável o suficiente para permitir as modificações necessárias de acordo com o acúmulo de experiências pela Administração Pública acerca de determinado objeto contratual.

2.4.2.2 Adoção de práticas que favoreçam o acúmulo de dados estatísticos

Considerando a potencial ausência de dados estatísticos adequados para a identificação dos riscos contratuais, de suas probabilidades de ocorrência e de seus impactos, uma mitigação para essa fragilidade envolve a adoção de práticas que possam favorecer a compilação e o levantamento desses dados.

---

[58] FARQUHARSON, Edward *et al. How to engage with the private sector in public-private partnerships in emerging markets*. Nova Iorque: World Bank Publications, 2011. *E-book*. p. 20.

[59] Há, inclusive, ferramentas muito interessantes já desenvolvidas, como a de alocação de riscos em parcerias público-privadas desenvolvida por uma iniciativa do G20, disponível em: https://ppp-risk.gihub.org/.

Essas práticas envolvem o registro de intercorrências contratuais de maneira compreensível, que permita uma análise posterior e a classificação dos riscos e de seus impactos. Considerando que a Administração Pública já registra seus aditivos, seria necessária uma adequação do fluxo de trabalho para o registro de informações relacionadas aos riscos de cada contrato.

Inclusive, o próprio Portal Nacional de Contratações Públicas (PNCP) pode ser utilizado para esse registro, considerando que o art. 174, §3º, da Lei nº 14.133/2021 admite a inclusão de outras funcionalidades no portal. As informações contidas no PNCP já abrangem os contratos e respectivos termos aditivos, de modo que seriam necessárias adaptações para a inclusão de uma funcionalidade de verificação e catalogação de eventos de risco e de suas consequências no âmbito das licitações e dos contratos. Com isso, o portal poderia compilar os dados relativos a todos os contratos administrativos.

Além do PNCP, os entes federativos podem ter sítios eletrônicos oficiais para a compilação de dados relativos às próprias contratações, nos termos do art. 175 da Lei nº 14.133/2021. Por meio da adoção de práticas de verificação e catalogação dos eventos causadores de alterações contratuais, será possível uma melhor análise dos riscos envolvidos em cada objeto contratual.

Essa adoção de práticas que favoreçam a compilação e o levantamento de dados tende a reduzir os custos de transação por facilitar a identificação, a análise qualitativa e a análise quantitativa dos riscos.

2.4.2.3 Matriz de riscos dinâmica

As fragilidades identificadas na formulação e na aplicação da matriz de alocação de riscos também podem ser mitigadas pela adoção de uma *matriz de riscos dinâmica*. Com isso, certos aspectos da matriz de riscos poderiam ficar sujeitos a uma revisão periódica e justificada, de acordo com as intercorrências contratuais e a disponibilização de novos dados estatísticos acerca dos eventos.

A gestão de riscos é um processo contínuo que envolve o monitoramento e a revisão dos riscos de acordo com a execução contratual. É que o transcurso do tempo permite uma maior maturidade do conhecimento acerca do objeto contratual e das tendências acerca das contingências potenciais. Dessa forma, é plausível que as partes passem a ter conhecimentos supervenientes que justifiquem uma atualização da matriz de riscos do contrato. Inclusive, a atualização das matrizes já é uma prática adotável e que é realizada pela equipe responsável pela gestão do contrato.[60]

Nesse sentido, a matriz dinâmica admitiria uma abertura para novos eventos de risco e novas análises advindas das peculiaridades identificadas na execução de cada objeto contratual específico, o que pode ser especialmente interessante para contratos de longo prazo, por potencialmente afetar a Taxa Interna de Retorno (TIR). A depender do caso, a atualização da matriz poderia até mesmo resultar em uma renegociação da taxa de riscos para refletir melhor a alocação dos riscos contratuais.

2.4.2.4 Matriz de riscos integrável

Como forma de solucionar a assimetria de informações e a unilateralidade na elaboração da matriz de riscos, é possível a adoção de um conceito de *matriz de riscos integrável*, especialmente para os projetos de grande vulto. A matriz de riscos integrável seria aquela elaborada pela Administração Pública, mas que contasse com a cooperação de entidades privadas ou de particulares interessados na futura licitação. Dessa forma, promover-se-ia uma abertura cognitiva da matriz de riscos para as informações detidas pelo setor privado acerca dos riscos envolvidos no projeto, de modo a permitir a elaboração de uma matriz de riscos mais eficiente.[61]

---

[60] FARQUHARSON, Edward *et al. How to engage with the private sector in public-private partnerships in emerging markets*. Nova Iorque: World Bank Publications, 2011. *E-book*. p. 40.

[61] Proposta semelhante foi feita por PECKIENE *et al.* em revisão de literatura acerca da alocação de riscos em contratos de construção. A solução foi a proposição da aplicação de uma teoria dos jogos cooperativa para a alocação de riscos. Com isso, podem ser criados incentivos específicos para a cooperação entre Administração Pública e contratado na modulação da matriz de riscos, evitando-se a unilateralidade da decisão. (PECKIENE, Aurelija; KOMAROVSKA, Andzelika; USTINOVICIUS, Leonas. Overview of risk allocation between construction parties. *Procedia Engineering*, v. 57, p. 889-894, 2013. p. 893).

Uma maneira possível de obtenção dessa cooperação e do conceito de *matriz de riscos integrável* é pela utilização do procedimento de manifestação de interesse previsto no art. 81 da Lei nº 14.133/2021. Por meio dele, a Administração poderá solicitar à iniciativa privada a propositura e a realização de estudos, investigações e levantamentos que possam contribuir para a formulação da matriz de riscos de determinado projeto. Dessa forma, será possível incentivar os possíveis interessados a apresentarem seus próprios dados relativos aos riscos de suas atividades, de modo que a matriz de riscos seja adequadamente formulada, o que beneficiaria ambas as partes do futuro contrato.

CAPÍTULO 3

DURAÇÃO DOS CONTRATOS

3.1 Duração e vigência dos contratos administrativos

A regra para todos os contratos é que eles durem por um período determinado de tempo. Contratos com prazo indeterminado são exceções para casos específicos, especialmente no âmbito da modelagem de contratação pública. Isso porque a lógica da Lei de Licitações e Contratos é de uma busca constante pela manutenção da vantajosidade para a Administração Pública e nem sempre isso ocorrerá com o prolongamento demasiado de um contrato. Ademais, o contrato administrativo depende de disponibilidade de recursos no orçamento, o que é verificado a cada ano.

Dessa forma, o edital deverá prever a duração do contrato administrativo, nos termos do art. 105 da Lei nº 14.133/2021, até mesmo para que o contratado esteja ciente do prazo no momento da apresentação da proposta. Caso o contrato dure mais de um exercício financeiro, o adequado planejamento exige que seja observada a cada exercício a disponibilidade de créditos orçamentários. Além disso, os contratos que durem mais de um exercício deverão estar previstos no plano plurianual.

3.2 Duração de contratos de serviços e fornecimentos contínuos

Os serviços e fornecimentos que sejam considerados contínuos poderão ter contratos celebrados com prazo de até 5 (cinco) anos, nos termos do art. 106 da Lei nº 14.133/2021. Nessa hipótese, verificada a natureza contínua do objeto contratual, a autoridade competente do órgão contratante deverá atestar a maior vantagem econômica vislumbrada em razão da contratação plurianual.

A Lei nº 14.133/2021 inovou ao prever também os fornecimentos contínuos, uma vez que a lei anterior tratava apenas da duração de contratos de serviços contínuos. Isso gerava um problema em relação à duração desses contratos, levando o Tribunal de Contas da União a decidir, por exemplo, que a duração de contratos de aquisição de combustíveis deveria se ater à vigência dos respectivos créditos orçamentários, uma vez que se trata de fornecimento e não de serviços de duração continuada.[62] Tal entendimento, entretanto, não subsiste no regime da Nova Lei de Licitações e Contratos Administrativos, já que os fornecimentos de natureza contínua estão expressamente previstos, ao lado dos serviços contínuos.

3.2.1 Caracterização da continuidade de serviços e fornecimentos

Serviços e fornecimentos contínuos são aqueles que servem para satisfazer necessidades permanentes ou prolongadas da Administração Pública. Dessa maneira, a continuidade está na necessidade a ser satisfeita, que, caso não fosse adotado um contrato prologando, demandaria contratações constantes. Logo, serviços e fornecimentos de uma mesma natureza podem ser contínuos e não contínuos, a depender da necessidade.

Vale observar que a própria Lei nº 14.133/2021, no §2º do art. 106, estabelece a aplicação das regras de duração dos contratos de serviços e fornecimentos contínuos nos casos de aluguel de equipamentos e de utilização de programas de informática.

No entanto, é necessário frisar que a classificação do serviço como de natureza contínua não deve ser genérica e abstrata, devendo-se atentar para as peculiaridades de cada serviço ou fornecimento.[63] O que determinará a continuidade será a essencialidade do objeto contratual para assegurar a integridade do patrimônio público de

---

[62] TCU. Acórdão nº 775/2021 – Primeira Câmara. Relator: Weder de Oliveira, j. 14.02.2012.

[63] TCU. Acórdão nº 132/2008 – Segunda Câmara. Relator: Ministro Aroldo Cedraz, j. 12.02.2008.

forma rotineira e permanente ou para a manutenção de atividades finalísticas da Administração Pública. Caso a interrupção da prestação do serviço ou do fornecimento possa comprometer o desempenho das missões institucionais da Administração Pública, a continuidade restará configurada.[64]

Por fim, cabe ressaltar que certos serviços, ainda que periodicamente necessários, podem não ser considerados contínuos por serem específicos e realizados em períodos predeterminados. Assim já decidiu o Tribunal de Contas da União acerca dos serviços especializados de aplicação e correção de provas anuais, como o Exame Nacional de Desempenho de Estudantes (Enade), que não podem ser considerados continuados.[65]

3.2.2 Estabelecimento do prazo de duração e requisitos para manutenção do contrato

O estabelecimento do prazo dos contratos envolvendo serviços e fornecimentos contínuos deve levar em conta critérios objetivos.[66] As necessidades do ente devem ser bem avaliadas diante da continuidade da prestação, de modo que a duração do contrato seja adequada a essas necessidades, havendo fundamentação expressa nesse sentido.

Apesar de ser admitida a duração de até cinco anos para esses contratos, a lei estabelece alguns requisitos para a manutenção deles. Assim, no início da contratação e de cada exercício, caberá à autoridade competente atestar a existência de créditos orçamentários vinculados à contratação e a vantagem em sua manutenção, de acordo com o art. 106, II, da Lei nº 14.133/2021. Trata-se de uma regra importante para o planejamento da contratação.

Nesse contexto, a Nova Lei de Licitações e Contratos Administrativos trouxe uma inovação interessante. Segundo o inciso III do art. 106, a Administração terá a opção de extinguir o contrato, sem ônus, quando não dispuser de créditos orçamentários para sua continuidade ou quando entender que o contrato não mais lhe oferece vantagem.

---

[64] TCU. Acórdão nº 10138/2017 – Segunda Câmara. Relator: Ana Arraes, j. 28.11.2017, p. 06.12.2017.

[65] TCU. Acórdão nº 925/2019 – Plenário. Relator: Ana Arraes, j. 24.04.2019, p. 08.05.2019.

[66] TCU. Acórdão nº 3320/2013 – Segunda Câmara. Relator: Raimundo Carreiro, j. 11.06.2013.

Isso porque, ainda que haja um planejamento de longo prazo, não há como prever a disponibilidade orçamentária ou a manutenção da vantagem por toda a duração do contrato e, diante da ausência de créditos, a Administração Pública não disporia de opções para manter o contrato. Por conseguinte, a lei facultou a extinção do contrato sem ônus nessas hipóteses e, em contrapartida, fixou prazos para dar uma margem de segurança ao contratado. Logo, para que a extinção ocorra, será necessário aguardar até a próxima data de aniversário do contrato e ela não poderá ocorrer em prazo inferior a 2 (dois) meses da referida data (art. 106, §1º, da Lei nº 14.133/2021).

3.3 Contratos com duração estendida

Além da regra geral de duração dos contratos de serviços e fornecimentos contínuos, a lei prevê certos casos que admitem uma duração estendida dos contratos, ultrapassando a regra dos 5 (cinco) anos.

3.3.1 Contratos de eficiência e contratos que gerem receita

Para contratos que gerem receitas e contratos de eficiência que gerem economia para a Administração também são admitidos prazos estendidos, nos termos do art. 110 da Lei nº 14.133/2021. Os contratos de eficiência são específicos e envolvem a prestação de serviços que objetivam gerar economia ao contratante, na forma de redução de despesas correntes, podendo incluir a realização de obras e o fornecimento de bens. Por meio deles, o contratado é remunerado com base em percentual da economia gerada.

Caso não haja investimento por parte do contratado, o prazo será de até 10 (dez) anos. Por outro lado, caso o contratado precise realizar investimentos exclusivamente por sua conta, que impliquem na elaboração de benfeitorias permanentes reversíveis ao patrimônio público ao fim do contrato, o prazo poderá ser de até 35 (trinta e cinco) anos.

3.3.2 Contratos com operação continuada de sistemas estruturantes de tecnologia da informação

O art. 114 da Lei nº 14.133/2021 prevê que o contrato que envolva a operação continuada de sistemas estruturantes de tecnologia da informação poderá ter vigência máxima de 15 (quinze) anos.

A lei não define quais seriam esses sistemas estruturantes de tecnológica da informação. No entanto, o Governo Federal já atua com os chamados "sistemas estruturadores", que correspondem aos mecanismos de suporte às atividades desempenhadas por órgãos setoriais (unidades responsáveis em cada órgão ou entidade), sob a coordenação e supervisão de um órgão central. Nesse contexto, são consideradas "sistemas estruturantes" as plataformas tecnológicas (*softwares*) que centralizam parte dos processos executados nos sistemas estruturadores, sendo gerenciadas pelos órgãos centrais.[67]

Em outras palavras, os sistemas estruturantes de tecnologia da informação são programas de estruturação e gerenciamento de sistemas de operação e bancos de dados da Administração Pública. Assim, o art. 114 da Lei nº 14.133/2021 faz referência aos contratos que envolvam a operação continuada desses sistemas.

É importante ressaltar que, para esses contratos, a lei não prevê possibilidade de prorrogação, sendo a vigência máxima de até 15 (quinze) anos. Dessa forma, é necessário um planejamento apropriado e aprofundado para esses contratos.

3.3.3 Contratos sob o regime de fornecimento e prestação de serviço associado

Os contratos firmados sob o regime de fornecimento e prestação de serviço associado também possuem duração máxima estendida. Trata-se do regime de contratação em que, além de fornecer o objeto, o contratado assume a responsabilidade por sua operação, manutenção ou ambas, por tempo determinado.

---

[67] Cf. https://www.gov.br/economia/pt-br/assuntos/sistemas-estruturadores. Acesso em: 20 fev. 2023.

Nesses casos, como existem duas obrigações em fases distintas da execução contratual, sendo um deles por escopo, a vigência máxima do contrato será definida pela soma do prazo relativo ao fornecimento inicial ou à entrega da obra com o prazo relativo ao serviço de operação e manutenção. Cabe ressaltar que, para o serviço de operação e manutenção, o limite de duração será de 5 (cinco) anos), contados da data do recebimento do objeto inicial (art. 113 da Lei nº 14.133/2021).

3.3.4 Outros contratos com duração estendida

O art. 108 da Lei nº 14.133/2021 prevê ainda outras hipóteses de contratos que admitem duração estendida. São hipóteses em que há a dispensabilidade de licitação e, pela própria natureza dos objetos contratuais, é necessária uma duração maior. São os casos previstos nas alíneas "f" e "g" do inciso IV e nos incisos V, VI, XII e XVI do *caput* do art. 75 da Lei nº 14.133/2021.

Nesse contexto, a Administração poderá celebrar contratos com duração de até 10 (dez) anos nas seguintes hipóteses de licitação dispensável:

I – Contratação cujo objeto envolva bens ou serviços produzidos ou prestados no país que envolvam, cumulativamente, alta complexidade tecnológica e defesa nacional;

II – Contratação de materiais de uso das Forças Armadas, com exceção de materiais de uso pessoal e administrativo, quando houver necessidade de manter a padronização requerida pela estrutura de apoio logístico dos meios navais, aéreos e terrestres, mediante autorização por ato do comandante da força militar;

III –Contratação com vistas ao cumprimento do disposto nos arts. 3º, 3º-A, 4º, 5º e 20 da Lei nº 10.973, de 02 de dezembro de 2004, observados os princípios gerais de contratação constantes da referida Lei;

IV –Contratação que possa acarretar comprometimento da segurança nacional, nos casos estabelecidos pelo Ministro de Estado da Defesa, mediante demanda dos comandos das Forças Armadas ou dos demais ministérios;

V – Contratação em que houver transferência de tecnologia de produtos estratégicos para o Sistema Único de Saúde

(SUS), conforme elencados em ato da direção nacional do SUS, inclusive por ocasião da aquisição desses produtos durante as etapas de absorção tecnológica, e em valores compatíveis com aqueles definidos no instrumento firmado para a transferência de tecnologia;

VI – Aquisição, por pessoa jurídica de direito público interno, de insumos estratégicos para a saúde produzidos por fundação que, regimental ou estatutariamente, tenha por finalidade apoiar órgão da Administração Pública direta, sua autarquia ou fundação em projetos de ensino, pesquisa, extensão, desenvolvimento institucional, científico e tecnológico e de estímulo à inovação, inclusive na gestão administrativa e financeira necessária à execução desses projetos, ou em parcerias que envolvam transferência de tecnologia de produtos estratégicos para o SUS, nos termos do inciso XII do caput deste artigo, e que tenha sido criada para esse fim específico em data anterior à entrada em vigor desta Lei, desde que o preço contratado seja compatível com o praticado no mercado.

3.3.4.1 Contratos previstos em legislação especial

Há contratos cujos prazos são regidos por leis especiais, casos em que as disposições relativas aos contratos administrativos não serão aplicadas. É nesse sentido que o art. 112 da Lei nº 14.133/2021 dispõe que os prazos previstos para os contratos administrativos não excluem nem revogam prazos contratuais previstos em leis específicas.

Um exemplo muito claro disso é o contrato de locação, regido pela Lei nº 8.245/1991. Quando a Administração Pública for locatária, não haverá submissão do prazo de vigência à Lei de Licitações e Contratos Administrativos, havendo discricionariedade na fixação do prazo e de suas prorrogações, desde que, é claro, seja apresentada a devida motivação. Esse já era, inclusive, o entendimento adotado na vigência da Lei nº 8.666/1993.[68]

---

[68] *Vide* entendimento do TCU (Acórdão nº 170/2005 – Plenário) e Orientação Normativa nº 6/2009 da Advocacia-Geral da União.

3.4 Contratos com duração indeterminada

A Lei nº 14.133/2021, em seu art. 109, admite a existência de contratos administrativos com prazo indeterminado.[69] Para tanto, é necessário que o contrato envolva serviço público prestado em regime de monopólio do qual a Administração Pública seja usuária. Além disso, será necessário comprovar, a cada exercício financeiro, a existência de créditos orçamentários vinculados à contratação.

Essas situações excepcionais são justificadas em razão da natureza dos contratos. Como os serviços são prestados em regime de monopólio, não faria sentido obrigar a Administração Pública a licitar novamente ou prorrogar o contrato sempre que necessário. A necessidade provavelmente será contínua, como no caso do fornecimento de energia elétrica, e os serviços serão prestados por empresas estatais ou concessionárias.

O único requisito elencado para a continuidade desses contratos por prazo indeterminado é a comprovação anual da existência de créditos orçamentários para a contrataçao. Nao é necessária a comprovação da vantajosidade dos preços, como ocorre na prorrogação de serviços contínuos (art. 107 da Lei nº 14.133/2021), uma vez que a existência do monopólio impedirá a existência de concorrência acerca desses preços.

3.5 Contratos por escopo

Contratos por escopo são aqueles em que o objeto contratual envolve uma atividade que produzirá um resultado determinado e mensurável em um período predeterminado. São contratos com uma finalidade específica e que se encerram com a completa execução do objeto e o alcance do resultado pretendido, não havendo continuidade na prestação.

É o caso, por exemplo, de contratos de obras públicas ou de realização de estudos específicos. Neles, o que realmente importa é que o projeto seja concluído e entregue, uma vez que, após a

---

[69] A Lei nº 8.666/1993, em seu art. 57, §3º, ao contrário, vedava expressamente a existência de contratos administrativos com prazo indeterminado.

conclusão, não haverá continuidade na prestação dos serviços, encerrando-se a relação contratual.

Essa formatação específica dos contratos de escopo traz algumas especificidades como resultado. Em boa parte dos contratos administrativos, o prazo de execução do objeto será idêntico ao prazo pelo qual o contrato estará vigente. Assim, executado o objeto, encerrar-se-á a vigência do contrato. No entanto, isso não ocorre nos contratos por escopo.

Desde a Lei nº 8.666/1993, era comum haver no edital duas cláusulas: uma prevendo o prazo de execução do objeto e outra prevendo o prazo de vigência do contrato. O prazo de vigência sempre superava em torno de 60 dias o prazo de execução, com o propósito de possibilitar os pagamentos devidos após a entrega do objeto. Isso, contudo, gerava problemas com bastante frequência, como nos casos em que a ordem de início dos serviços demorava a ser dada e, por falta de planejamento, o prazo de vigência não era prorrogado por meio de aditivo contratual a tempo e era necessário justificar a devolução do prazo.[70]

Solucionando muito bem o problema, o art. 111 da Lei nº 14.133/2021 expressamente diferenciou o prazo de vigência do prazo de execução do objeto contratual, estabelecendo que, em se tratando de contrato de escopo, o prazo de vigência será automaticamente prorrogado quando seu objeto não for concluído no período firmado no contrato.

Dessa forma, não é mais necessário aditar o contrato administrativo para modificar a sua vigência em razão da ausência de entrega do objeto. No entanto, é prudente que sejam realizadas as anotações necessárias e que seja instaurado processo administrativo para verificar a culpa quando a não conclusão no prazo estabelecido.

Sendo constatada a culpa do contratado, a Administração deverá constituir o contratado em mora e aplicar a ele as sanções

---

[70] Há, inclusive, o Tribunal de Contas da União que possui a Súmula 191 no sentido de que: "Torna-se, em princípio, indispensável à fixação dos limites de vigência dos contratos administrativos, de forma que o tempo não comprometa as condições originais da avença, não havendo, entretanto, obstáculo jurídico à devolução de prazo, quando a Administração mesma concorre, em virtude da própria natureza do avençado, para interrupção da sua execução pelo contratante".

administrativas cabíveis. Nesse caso, nos termos do art. 111, parágrafo único, da Lei nº 14.133/2021, será possível, a critério da contratante, continuar o contrato ou extingui-lo. Optando-se pela extinção, deverão ser adotadas as medidas legais para a continuidade da execução contratual, podendo convocar os demais licitantes classificados (art. 90, §7º, da Lei nº 14.133/2021) ou proceder a uma nova licitação, sem prejuízo da possibilidade de assunção do objeto e ocupação provisória (art. 139, I e II, da Lei nº 14.133/2021).

3.6 Prorrogações dos contratos

O art. 107 da Lei nº 14.133/2021 estabelece a possibilidade de prorrogações sucessivas dos contratos de serviços e fornecimentos contínuos, desde que respeitada a vigência máxima decenal. Nesse sentido, a prorrogação do contrato poderá ocorrer nos casos em que não se estiver tratando de contratos por escopo, os quais, como visto, têm regramentos próprios acerca da duração.

Também admitem prorrogações os contratos firmados sob o regime de fornecimento e prestação de serviço associado, no que tange à duração desse último. Nesse regime de contratação, além de fornecer o objeto, o contratado assume a responsabilidade por sua operação, manutenção ou ambas, por tempo determinado. Para eles, em virtude da existência de duas obrigações que incidem sobre fases contratuais distintas, sendo uma delas de escopo, serão aplicáveis as mesmas regras do art. 107 da Lei nº 14.133/2021 em relação apenas ao prazo de duração do serviço de operação e manutenção.

Por meio da prorrogação, há uma nova manifestação de vontade das partes, que convencionam prosseguir com o ajuste. Apesar de representar uma nova manifestação de vontade, a prorrogação estará vinculada ao contrato inicialmente firmado. Isso significa que as partes não inovam quando realizam uma prorrogação. Apenas o prazo é que será alterado e a relação jurídica será prolongada no tempo. É por isso que a prorrogação não representa uma renovação contratual. A renovação é uma figura controversa, já que o termo utilizado para representar uma inovação no ajuste que mantém seu objeto inicial, tendo como finalidade a continuidade do serviço público.[71] O ideal, na verdade, é que uma eventual renovação contratual ocorra por meio de uma nova licitação, de modo a serem observadas as normas legais para a seleção da proposta mais vantajosa.

Nesse contexto, sendo a prorrogação decorrente de uma nova manifestação de vontade, é inerente a ela o caráter facultativo de sua aceitação por parte do contratado. Isso decorre também do fato de que não está entre as prerrogativas da Administração Pública a possibilidade de alterar unilateralmente a duração do contrato (art. 124, I, da Lei nº 14.133/2021). Dessa forma, chegando o contrato ao fim de sua vigência, assim como a Administração terá a discricionariedade de prorrogá-lo, o contratado terá o direito de não concordar com o prolongamento da relação jurídica.

Por fim, vale notar que a prorrogação contratual gera uma preclusão do direito ao reequilíbrio econômico-financeiro. Isso porque a prorrogação do contrato ocorre apenas após o término do período de vigência do ajuste, de modo que o princípio do equilíbrio econômico-financeiro não pode mais ser aplicado para a manutenção das condições anteriores, representando uma nova aceitação das condições contratuais por parte do contratado. Nesse sentido, o art. 131, parágrafo único, da Lei nº 14.133/2021 afirma que o pedido de restabelecimento do equilíbrio contratual deve ser formulado durante a vigência do contrato e antes de eventual prorrogação.

3.6.1 Requisitos para a prorrogação contratual

A análise da possibilidade de prorrogação dos contratos deve ocorrer desde a fase interna de planejamento da licitação. O próprio termo de referência, segundo o art. 6º, XXIII, da Lei nº 14.133/2021, já deverá prever, se for o caso, a possibilidade ou não de prorrogação. Além disso, o edital também deverá prever expressamente essa possibilidade, de modo a dar transparência às obrigações que podem ser assumidas pelas partes.

---

[71] MEIRELLES, Hely Lopes. *Direito Administrativo Brasileiro*. 39. ed. São Paulo: Malheiros, 2013. p. 249.

Segundo o art. 107 da Lei nº 14.133/2021, os contratos de serviços e fornecimentos contínuos admitem prorrogações sucessivas, o que permite inferir que não há um número máximo de prorrogações que podem ser efetivadas, desde que, é claro, seja observada a duração máxima admitida.

Não há, também, ao menos em tese, a necessidade de prorrogação por prazos idênticos, já que a lei não trouxe previsão nesse sentido. Entretanto, é inegável que o prazo inicialmente previsto, especialmente para os serviços e fornecimentos contínuos, foi objeto de planejamento e avaliação por parte da Administração Pública, havendo justificativa idônea para sua fixação. Admitir indiscriminadamente a prorrogação com qualquer prazo pode ser contraditório em relação à natureza contínua do objeto contratual.

Por conseguinte, a prorrogação por prazo idêntico ao inicialmente previsto deve ser a regra. A prorrogação por prazo diverso do inicialmente contratado somente será possível mediante justificativa robusta que demonstre não haver incongruência entre a diferença de prazo e a continuidade do serviço.

O Tribunal de Contas da União[72] já afirmou não ser obrigatória a observância do mesmo prazo da contratação original na prorrogação, mas também já decidiu ser a regra a prorrogação por prazo idêntico, devendo ser evitada a prorrogação por prazo diverso.[73]

Ademais, considerando que a prorrogação está vinculada ao ajuste inicialmente firmado, deve ser respeitada também a regra de realização do procedimento licitatório por meio da manutenção do objeto inicial e de seu escopo. A modificação do objeto contratual no momento da prorrogação representaria uma burla à licitação e à isonomia entre os licitantes.[74]

Outro requisito importante é a afirmação expressa da autoridade competente de que os preços e as condições contratuais permanecem vantajosos para a Administração Pública. Com isso,

---

[72] TCU. Acórdão nº 1191/2005 – Plenário. Relator: Lincoln Magalhães da Rocha, j. 17.08.2005, p. 29.08.2005.

[73] TCU. Acórdão nº 216/2007 – Plenário. Relator: Guilherme Palmeira, j. 28.02.2007.

[74] Nesse sentido, o Tribunal de Contas da União já decidiu que, na prorrogação de contratos de serviços de conservação de rodovias, cuja natureza é contínua, devem ser mantidos os mesmos itens e preços unitários contidos no contrato original (TCU. Acórdão nº 278/2011 – Plenário. Relator: Augusto Nardes, j. 09.02.2011, p. 14.02.2011).

também resta respeitada a regra da realização de licitações, assim como é observado o princípio da eficiência.

A comprovação do caráter vantajoso dos preços e das condições contratuais demandará uma nova pesquisa de preços, realizada nos moldes do art. 23 da Lei nº 14.133/2021, de modo que haja um parâmetro objetivo de avaliação.[75] Inclusive, para serviços contínuos de engenharia, a análise deverá considerar os descontos contidos nos preços contratados e os efetivamente praticados pelo mercado em relação ao referencial de preços utilizado, a exemplo do Sicro.[76]

Caso, após a análise, as condições e os preços não sejam ideais, o art. 107 da Lei nº 14.133/2021 admite a tentativa de negociação com o contratado para a obtenção de um ajuste vantajoso. Por outro lado, na hipótese de frustração da negociação, será possível a extinção contratual sem ônus para as partes.

É importante ressaltar também que a prorrogação injustificada do prazo contratual que gere custos adicionais para a Administração ou reajuste irregular de preços pode configurar dano ao patrimônio público por meio de superfaturamento, nos termos do art. 6º, LVII, "d", da Lei nº 14.133/2021. Dessa forma, é necessário que a prorrogação seja bem avaliada para não permitir, por exemplo, que o contratado seja beneficiado por reajuste que sequer ocorreria caso o contrato fosse concluído no prazo original, sem que haja qualquer justificativa para tanto.

Também no âmbito da prorrogação devem ser mantidas as regras de duração dos contratos previstas no art. 105 da Lei nº 14.133/2021. Dessa forma, deverá ser observada a disponibilidade orçamentária e, caso o contrato prorrogado ultrapasse um exercício financeiro, será necessária a indicação de sua previsão no plano plurianual.

Antes da formalização da prorrogação, a Administração Pública deverá verificar a regularidade fiscal do contratado, consultar o Cadastro Nacional de Empresas Inidôneas e Suspensas (Ceis) e o Cadastro Nacional de Empresas Punidas (Cnep), emitir as certidões negativas de inidoneidade, de impedimento e de débitos

---

[75] Esse já era o entendimento do Tribunal de Contas da União desde a lei anterior: TCU. Acórdão nº 120/2018 – Plenário. Relator: Bruno Dantas, j. 24.01.2018, p. 09.02.2018.

[76] TCU. Acórdão nº 3302/2014 – Plenário. Relator: Marcos Bemquerer, j. 26.11.2014, j. 03.12.2014.

trabalhistas e juntá-las ao respectivo processo, segundo o art. 91, §4º, da Lei nº 14.133/2021.

A formalização da prorrogação em si ocorrerá por meio de aditivo, que deverá adotar a forma escrita ou eletrônica e ser divulgado e mantido à disposição em sítio eletrônico oficial, nos termos do art. 91 da Lei nº 14.133/2021. Também será necessária a análise jurídica prevista no art. 53, §4º, da Lei nº 14.133/2021. Ademais, a divulgação no Portal Nacional de Contratações Públicas será obrigatória como condição de eficácia (art. 94 da Lei nº 14.133/2021).

Em resumo, são os seguintes os requisitos para a prorrogação dos contratos administrativos:

a) Previsão expressa da possibilidade no edital;
b) Respeito à vigência máxima;
c) Atesto da autoridade competente de que as condições e os preços permanecem vantajosos para a Administração, admitida negociação com o contratado;
d) Manutenção do objeto contratual e ausência de custos adicionais ou reajustes injustificados;
e) Verificação da disponibilidade de créditos orçamentários;
f) Previsão no plano plurianual, caso a duração ultrapasse um exercício financeiro;
g) Verificação da regularidade fiscal do contratado e consulta ao Cadastro Nacional de Empresas Inidôneas e Suspensas e ao Cadastro Nacional de Empresas punidas, além de emissão de certidões negativas de idoneidade, de impedimento e de débitos trabalhistas;
h) Formalização por meio de aditivo com adoção de forma escrita, prévia análise jurídica e divulgação em sítio eletrônico oficial e no Portal Nacional de Compras Públicas.

3.6.2 Discricionariedade nas prorrogações e inexistência de direito adquirido às regras de prorrogação

Apesar de contarem com previsão contratual expressa, as prorrogações contratuais devem ocorrer dentro da margem do interesse público, não havendo direito adquirido do contratado à continuidade do ajuste após a sua vigência inicialmente prevista. Isso porque, além da questão do interesse público, a lógica das licitações públicas demanda a realização periódica de certames.

São objetivos expressos do processo licitatório assegurar a seleção da proposta mais vantajosa para a Administração e fomentar a justa competição entre os licitantes, por meio do tratamento isonômico (art. 11 da Lei nº 14.133/2021). É possível inferir dessas disposições que a intenção do legislador é realmente a renovação periódica das contratações, tanto para favorecer a Administração Pública quando para permitir a participação de diferentes licitantes, uma vez que a licitação também cumpre uma função social.

Dessa maneira, é necessário reconhecer o caráter discricionário das prorrogações, sempre restando para a Administração a possibilidade de realização de uma nova licitação com vistas à seleção de uma melhor proposta.

Analisando o tema no âmbito de contratos administrativos de concessão, o Supremo Tribunal Federal teve a oportunidade de avaliar uma situação concreta em que uma empresa concessionária alegava a existência de direito adquirido à prorrogação contratual nos termos do contrato, mesmo em face de legislação superveniente que alterou as condições para a prorrogação.[77] Apesar de o caso envolver a concessão de serviço público de geração de energia elétrica, regido pela Lei nº 9.074/1995, o mesmo raciocínio é aplicável às concessões regidas pela Lei nº 8.987/1995 e aos contratos administrativos regidos pela Lei nº 14.133/2021.

Na situação exposta, o Supremo Tribunal Federal chegou à conclusão de que não existe mesmo direito adquirido à renovação do contrato de concessão. Na verdade, considera-se encerrado o contrato administrativo de concessão no prazo nele definido, salvo a realização de ajuste, ao final do termo, pela prorrogação contratual, atendidas as exigências legais e presente o interesse público na manutenção do contrato. Isso porque não seria possível considerar a ocorrência da prorrogação contratual em momento anterior ao término do contrato, assim como foi considerada inexistente a garantia indissolúvel de sua realização já no instrumento contratual.

---

[77] STF. RMS nº 34203/DF, Rel. Min. Dias Toffoli, T2, j. 21.11.2017, DJe 20.03.2018.

Nesse contexto, a conclusão é que a prorrogação é um instrumento autorizado por lei – nunca imposto – e que deve sempre atender ao interesse público. Logo, ainda que o contrato deva prever as condições de eventual prorrogação contratual, não é possível afirmar que exista um direito adquirido em relação à efetiva realização dessa prorrogação.

No mesmo julgado em que a Suprema Corte decidiu não haver direito adquirido à prorrogação contratual, também foi decidido que não há qualquer impedimento à aplicação imediata de legislação superveniente ao ajuste que disponha sobre a prorrogação contratual criando outras condições para que ela ocorra. Em outras palavras, não há direito adquirido em relação às regras de prorrogação.

Estando o contrato em curso, eventuais modificações unilaterais, apesar de possíveis, devem vir acompanhadas de medidas que recomponham o equilíbrio econômico-financeiro da avença. Esse equilíbrio assegura a equivalência entre as vantagens e os custos tal como calculados no momento da celebração do contrato.

Entretanto, a prorrogação do contrato ocorre apenas após o término do período de vigência do ajuste, de modo que o princípio do equilíbrio econômico-financeiro não pode mais ser aplicado para a manutenção das condições anteriores, como reconhece o art. 131, parágrafo único, da Lei nº 14.133/2021. Dessa forma, é plenamente possível aplicar a legislação que surgiu durante o ajuste no momento da prorrogação, sem que isso viole qualquer direito da concessionária, desde que respeitadas as disposições de caráter econômico até o termo final do ajuste, estando a concessionária livre para aceitar ou não as novas condições no momento da prorrogação.

CAPÍTULO 4

EXECUÇÃO DOS CONTRATOS ADMINISTRATIVOS

4.1 Execução do objeto contratual

O contrato administrativo, uma vez formalizado e publicado, está pronto para gerar seus efeitos e ter sua execução iniciada. A execução de um contrato corresponde ao cumprimento das obrigações assumidas por cada um dos contratantes, na forma e nos prazos estabelecidos no ajuste.

Dessa forma, o ciclo de vida de um contrato administrativo abrange sua formalização, sua execução e sua extinção com a conclusão dos objetivos pretendidos. Quando o acordo é executado fielmente pelas partes, de acordo com as cláusulas avençadas e as normas legais, a relação jurídica é extinta regularmente. Entretanto, o descumprimento dessas regras por qualquer das partes configurará uma inexecução, que poderá ser total ou parcial e cujas consequências serão abordadas adiante.

Vale observar que o cumprimento fiel do contrato também envolve a manutenção de um diálogo entre as partes, mantendo-se a transparência e a boa-fé no curso da relação jurídica. É por esse motivo que o art. 123 da Lei nº 14.133/2021 prevê a obrigação de a Administração decidir explicitamente sobre todas as solicitações e reclamações relacionadas à execução contratual. Nessas hipóteses, não havendo prazo legal ou contratual específico, será de um mês o prazo para decisão, a partir da conclusão da instrução do requerimento, cabendo prorrogação motivada por igual período. A obrigação de decidir é dispensada apenas nos casos de requerimentos impertinentes, protelatórios ou de nenhum interesse para a boa execução do ajuste.

4.1.1 Retardamentos, paralisações e suspensões

Considerando que a regra é a execução do contrato de acordo com os prazos estabelecidos, o art. 115, §1º, da Lei nº 14.133/2021 proíbe a Administração de retardar imotivadamente a execução de obra ou serviço, ou de suas parcelas. A lei teve a cautela de deixar expresso que os atrasos não podem ocorrer até mesmo no caso de posse de novo chefe do Poder Executivo ou de novo titular do órgão ou entidade.

Em contrapartida, é possível que ocorra a paralisação ou suspensão motivada do contrato. Isso pode ocorrer por diversos motivos, em especial no caso de obras e serviços de engenharia, que estão sujeitos a diversas interferências naturais. O que importa é que seja demonstrada a existência de uma impossibilidade de continuidade da execução contratual, por inviabilidade fática ou jurídica.[78]

Nesses casos, diante da justificativa adequada, a Administração poderá emitir ordem de paralisação ou suspensão. Com isso, haverá a prorrogação automática do cronograma de execução pelo tempo correspondente, mediante anotação das circunstâncias por simples apostila (art. 115, §5º, da Lei nº 14.133/2021).

Havendo a paralisação ou suspensão por mais de um mês, e em caso de obras, a Administração ficará obrigada a divulgar, em sítio eletrônico oficial e em placa a ser afixada em local da obra de fácil visualização pelos cidadãos, aviso público de obra paralisada, com o motivo e o responsável pela inexecução temporária do objeto do contrato e a data prevista para o reinício da sua execução. Por conseguinte, é necessário que haja publicidade e transparência, permitindo que a sociedade tenha conhecimento do andamento das obras de interesse público.

Um dos efeitos da suspensão do contrato por ordem ou inadimplemento da Administração é a liberação do contratado do

---

[78] TCU. Acórdão nº 222/2007 – Plenário. Relator: Aroldo Cedraz, j. 28.02.2007.

dever de renovar a garantia contratual ou de endossar a apólice de seguro até que seja expedida ordem de reinício da execução ou até que haja o adimplemento por parte da Administração, nos termos do art. 96, §2º, da Lei nº 14.133/2021.

Além disso, é imperioso que haja um esforço dos responsáveis para a fiscalização do contrato no sentido de que todas as paralisações sejam devidamente motivadas de maneira expressa, para fins de controle. É possível até mesmo que elas justifiquem o direito do contratado de requerer a extinção do contrato. Isso ocorrerá, no que tange às suspensões, em dois cenários previstos no art. 137, §2º, da Lei nº 14.133/2021: *i*) quando uma única suspensão superar o prazo de 3 (três) meses; ou *ii*) quando repetidas suspensões totalizarem 90 (noventa) dias úteis). Nesse segundo caso, inclusive, será cabível o pagamento de indenização pelas sucessivas e contratualmente imprevistas desmobilizações e mobilizações.

Por outro lado, havendo culpa do contratado em relação à necessidade de paralisação ou suspensão, ainda que não que o contrato não seja extinto unilateralmente e venha a ser aplicada a regra de prorrogação automática do cronograma de execução, será cabível sua responsabilização por inexecução parcial do ajuste, aplicando-se a multa do art. 162 da Lei nº 14.133/2021.

4.1.2 Inexecução contratual e suas consequências

A inexecução contratual resta configurada quando as obrigações previstas no ajuste não são cumpridas. O propósito final de cada contrato é a execução de determinado objeto contratual. Esse objeto pode envolver um fornecimento, a entrega de uma obra ou a prestação de um serviço. Para que a execução ocorra fielmente, o contrato estabelece obrigações para ambas as partes, que devem ser observadas durante toda a duração da relação contratual. Entretanto, em caso de descumprimento, haverá a inexecução, que pode ser total ou parcial.

A inexecução será total quando for descumprida uma obrigação (ou mais de uma) que implique na impossibilidade de o contrato atingir sua finalidade, que é a conclusão do objeto contratual.

A configuração de inexecução total não demanda um descumprimento de todas as cláusulas contratuais. O que difere a inexecução total da parcial é a possibilidade ou não de continuidade do ajuste. Dessa forma, sendo total, a inexecução impede o ajuste, de modo que o descumprimento das demais cláusulas é uma consequência obrigatória. Com isso, o resultado necessário é a rescisão contratual, com a aplicação das penalidades cabíveis.

Por sua vez, a inexecução parcial representa o descumprimento de obrigações acessórias, que não impedem o cumprimento do cerne do objeto contratual. Ela ainda ensejará a aplicação de penalidades, mas o contrato ainda poderá ser mantido e concluído.

É possível que o descumprimento parcial do contrato gere danos ao erário, devendo então a conduta ser classificada pelo inciso II do art. 155 da Lei nº 14.133/2021, o que naturalmente agravará a sanção a ser imposta.

A inexecução parcial não deve, contudo, ser confundida com o retardamento da execução ou da entrega do objeto sem motivo justificado, conduta prevista no art. 155, VII, da Lei nº 14.133/2021. O que a inexecução parcial representa é um descumprimento de cláusulas contratuais e obrigações da contratada. Por outro lado, o retardamento imotivado diz respeito ao descumprimento dos prazos contratuais de execução. Essa conduta específica atrairá a aplicação de uma multa de mora, na forma prevista no edital ou em contrato, de acordo com o art. 162 da Lei nº 14.133/2021. Imposta a multa pelo retardamento, a Administração terá a opção de prosseguir com a execução do contrato ou extingui-lo unilateralmente e aplicar cumulativamente as demais sanções previstas em lei, caso em que haverá a conversão em multa moratória.

4.1.2.1 Penalidades aplicáveis pela inexecução contratual

O regime jurídico específico dos contratos administrativos confere à Administração Pública a capacidade de imposição de sanções em razão do descumprimento das obrigações contratuais. A inexecução contratual, seja ela total, parcial ou parcial causadora de danos ao erário, configura infração administrativa e atrai a aplicabilidade de penalidades ao contratado. Dessa forma, analisaremos especificamente as sanções aplicáveis às infrações relativas à execução contratual.

Assim, nos termos do art. 156 da Lei nº 14.133/2021, são aplicáveis as seguintes sanções pelas infrações administrativas: *i)* advertência; *ii)* multa; *iii)* impedimento de licitar e contratar; e *iv)* declaração de inidoneidade para licitar ou contratar. Além disso, uma multa de mora pode ser aplicada em caso de atraso injustificado na execução do contrato, de acordo com o art. 162, da Lei nº 14.133/2021.

O rol de sanções é taxativo, não podendo haver inovações por meio de cláusulas contratuais. Isso porque a capacidade de imposição de sanções é ínsita ao regime jurídico de direito público, no qual o princípio da legalidade direciona a atuação da Administração, especialmente no âmbito da restrição de direitos dos particulares. Entretanto, a aplicação das penalidades não exclui a obrigação de reparação integral dos danos causados à Administração Pública, obrigação de natureza diversa.

Ademais, as penalidades são apresentadas em certa ordem gradativa de gravidade, sendo advertência a mais leve e a inidoneidade a mais grave. Para que elas sejam aplicadas, as peculiaridades do caso concreto devem ser levadas em consideração, assim como as circunstâncias atenuantes e agravantes e os danos causados. Nesse sentido, o §1º do art. 156 da Lei nº 14.133/2021 prevê quais parâmetros devem ser analisados para a escolha e a gradação da penalidade aplicada.

A aplicação das sanções está sujeita ao prazo prescricional de 5 (cinco) anos, contados desde a ciência da infração pela Administração (art. 158, §5º, da Lei nº 14.133/2021). A prescrição será interrompida quando houver a instauração do processo administrativo de responsabilização e ainda poderá ser suspensa pela celebração de acordo de leniência ou por decisão judicial.

4.1.2.1.1 Advertência

A advertência é a penalidade mais leve e corresponde a um aviso formal de que houve um descumprimento do contrato que seja sanável. Nesses termos, ela somente é aplicável para a inexecução parcial do contrato que não cause prejuízo à Administração, desde que não seja o caso de aplicação de uma penalidade mais grave, a depender do caso, nos termos do art. 156, §2º, da Lei nº 14.133/2021.

É importante que essa sanção seja feita por escrito, com a devida motivação, sendo em seguida juntada ao processo relativo ao contrato, de modo que sirva para a análise de eventuais descumprimentos posteriores e do acúmulo de faltas da contratada.

4.1.2.1.2 Multa

A penalidade de multa é aplicável para qualquer infração administrativa prevista no art. 155 da Lei nº 14.133/2021 e corresponde à imposição de um pagamento que compense a falta da contratada. Dessa forma, a multa tem natureza compensatória, mas ela não afasta o cabimento de outras indenizações à Administração Pública.

Por ter a multa caráter compensatório, caso ela, somada às indenizações cabíveis, supere o valor de pagamento eventualmente devido pela Administração ao contratado, haverá a perda desse valor e eventual diferença ainda poderá ser descontada da garantia contratual prestada ou ser cobrada judicialmente (art. 156, §8º, da Lei nº 14.133/2021).

A multa compensatória deverá ser aplicada tendo como parâmetros o mínimo de 0,5% e o máximo de 30% do valor do contrato, segundo o art. 156, §3º, da Lei nº 14.133/2021.

Vale ressaltar, por outro lado, que também pode ser imposta uma multa de natureza moratória, em razão dos atrasos do contratado na execução do contrato. Nesse sentido, o art. 162 da Lei nº 14.133/2021 admite a aplicação de multa de mora ao contratado que atrasar injustificadamente a execução do contrato.

Para a aplicação da multa moratória, será necessária a adoção da forma prevista em edital ou em contrato, não havendo, para essa multa específica, parâmetros legais. Caberá ao edital e ao contrato a previsão dos limites e da forma de cálculo dessa multa, não havendo uma previsão estabelecendo os parâmetros máximo e mínimo, como acontece com a multa compensatória.

4.1.2.1.3 Impedimento e inidoneidade para licitar e contratar

As duas últimas sanções previstas no art. 156 da Lei nº 14.133/2021 são as mais graves, sendo a sanção de declaração de inidoneidade para licitar ou contratar a mais grave delas. Ambas têm o efeito de impossibilitar o contratado de participar de novos certames licitatórios e de firmar contratos com a Administração Pública. As diferenças entre elas residem no alcance e na duração.

Será aplicável a pena de impedimento de licitar e contratar para as infrações previstas nos incisos II, III, IV, V, VI e VII do *caput* do art. 155 da Lei nº 14.133/2021. Interessam, no ponto, as infrações previstas nos incisos II, III e VI, que correspondem às condutas de inexecução parcial que causa grave dano, de inexecução total e de retardamento da execução ou da entrega do objeto da licitação sem motivo justificado.

Uma vez aplicada a sanção de impedimento, o contratado não poderá mais licitar ou contratar no âmbito da Administração Pública direta e indireta apenas do ente federativo contratante. Já o prazo máximo de duração do impedimento será de 3 (três) anos, de acordo com o art. 156, §4º, da Lei nº 14.133/2021, sendo o prazo mínimo para requerimento de reabilitação de 1 (um) ano.

Já a declaração de inidoneidade será aplicável, em regra, às demais infrações do art. 155 da Lei nº 14.133/2021 (incisos VIII, IX, X, XI e XII). No entanto, é possível que ela também seja aplicável às sanções que ensejam o impedimento, desde que existam motivos que justifiquem a imposição de uma penalidade mais grave. Dessa forma, também é cabível, a depender da gravidade do caso, a declaração de inidoneidade para as condutas de inexecução parcial que causa grave dano, de inexecução total e de retardamento da execução ou da entrega do objeto da licitação sem motivo justificado.

No que tange ao alcance, a inidoneidade impedirá o contratado de licitar ou contratar no âmbito da Administração Pública direta e indireta de todos os entes federativos, não apenas daquele que aplicar a sanção. Além disso, o prazo mínimo da sanção será de 3 (três) anos e o máximo será de 6 (seis) anos, nos termos do art. 156, §5º, da Lei nº 14.133/2021.

As duas penalidades têm efeitos prospectivos (*ex nunc*), iniciando a partir da aplicação da sanção.[79] Nesse sentido, não

---

[79] Já era esse, inclusive, o entendimento do Tribunal de Contas da União: TCU. Acórdão nº 1340/2011 – Plenário. Relator: Raimundo Carreiro, j. 25.05.2011, p. 03.06.2011 / TCU. Acórdão nº 3002/2010 – Plenário. Relator: José Jorge, j. 10.11.2010, p. 12.11.2010 / TCU. Acórdão nº 2183/2019 – Plenário. Relator: Augusto Sherman, j. 11.09.2019, p. 23.09.2019.

ocorrerá a rescisão automática dos demais contratos vigentes firmados com a Administração Pública pela empresa, mas, diante da situação, será possível a adoção de providências para a rescisão unilateral desses contratos, com fundamento no inciso I e/ou no inciso VIII do art. 137 da Lei nº 14.133/2021.

Além disso, será indevida a prorrogação de contrato de prestação de serviços contínuos celebrado com sociedade empresária que, na vigência do contrato, seja declarada inidônea ou sofra o impedimento de licitar ou contratar. Considerando a necessidade de manutenção dos requisitos de habilitação durante todo o contrato (art. 92, XVI, da Lei nº 14.133/2021), essa condição também deve ser observada por ocasião da prorrogação.

4.1.2.1.3.1 Reabilitação do contratado punido

A reabilitação daquele que tenha sido punido pela inexecução contratual é possível quando forem aplicadas as sanções de impedimento ou de declaração de inidoneidade para licitar e contratar, desde que presentes certos requisitos previstos no art. 163 da Lei nº 14.133/2021. Por meio da reabilitação, cessam os efeitos da sanção, ficando o reabilitado apto a licitar e contratar novamente com a Administração.

Os requisitos são cumulativos e abrangem a reparação integral do dano causado, o pagamento da multa, o cumprimento de eventuais condições estabelecidas no ato punitivo, análise jurídica prévia e o cumprimento do requisito temporal.

Quanto ao requisito temporal, é necessário o transcurso do prazo mínimo de 1 (um) ano da aplicação da penalidade, no caso da sanção de impedimento de licitar e contratar, ou de 3 (três) anos da aplicação da penalidade, no caso de declaração de inidoneidade.

Além disso, há uma condição adicional para as infrações de apresentação de declaração ou documentação falsa e da prática de algum ato lesivo à Administração Pública previsto no art. 5º da Lei nº 12.846/2013. Para esses casos, o parágrafo único do art. 163 da Lei nº 14.133/2021 prevê ainda a necessidade de implantação ou aperfeiçoamento de programa de integridade pelo responsável para que haja a reabilitação.

4.1.2.1.4 Cumulação de penalidades

Algumas das penalidades são mutuamente excludentes e, portanto, não podem ser cumuladas em relação a uma mesma conduta de um mesmo contratado. Nesse sentido, a Administração deverá optar por aplicar advertência, impedimento de licitar ou contratar ou a declaração de inidoneidade. Cada uma dessas sanções tem fatos geradores distintos, que variam de acordo com a gravidade do ato praticado.

Entretanto, a sanção de multa, por ter natureza compensatória, pode ser acumulada com as demais sanções, nos termos do art. 156, §7º, da Lei nº 14.133/2021. Ademais, a multa de mora pelo atraso imotivado na execução contratual também pode ser aplicada em conjunto com as demais sanções. Para tanto, será necessário que a Administração a converta em multa compensatória e promova a extinção unilateral do contrato (art. 162, parágrafo único, da Lei nº 14.133/2021).

4.1.2.1.5 Procedimentos para a aplicação das sanções administrativas

A aplicação das penalidades deve ocorrer no âmbito de um procedimento administrativo que comprove a conduta da contratada e justifique a sanção. Apenas para a sanção de advertência não será necessário observar o contraditório, mas, ainda assim, é importante que a sanção seja documentada e justificada com a documentação fornecida pela fiscalização contratual.

No caso de aplicação de multa, uma vez instruído o processo, que não precisa ser autônomo em relação ao processo de contratação, com relatório da falta cometida pelo contratado, ele será intimado para apresentação de defesa no prazo de 15 (quinze) dias úteis (art. 157 da Lei nº 14.133/2021). Para essa situação, a lei não prevê outros requisitos acerca do procedimento ou da comissão processante, sendo aplicáveis as normas gerais que regem os processos administrativos.

Já para as sanções de impedimento de licitar ou contratar e de declaração de inidoneidade, existem requisitos mais rigorosos no que tange ao procedimento administrativo, tendo em vista a gravidade das sanções. Nesse sentido, o art. 158 da Lei nº 14.133/2021 demanda a instauração de um processo específico de responsabilização, que deve ser conduzido por uma comissão composta por dois ou mais servidores estáveis.

A comissão processante também poderá ser formada por dois ou mais empregados públicos pertencentes aos quadros permanentes do órgão ou da entidade cujo quadro funcional não seja formado por servidores estatutários. Para tanto, eles devem contar, preferencialmente, com pelo menos três anos de tempo de serviço no órgão ou na entidade (art. 158, §1º, da Lei nº 14.133/2021).

Uma vez formada a comissão, ela deverá analisar os fatos e as circunstâncias já apurados em relação ao caso e intimará o contratado para apresentar defesa escrita e apontar provas que pretenda produzir, no prazo de 15 (quinze) dias úteis. Após a produção das provas requeridas e que sejam indispensáveis, ainda será direito do contratado a apresentação de alegações finais em 15 (quinze) dias úteis. Contudo, as provas ilícitas, impertinentes, desnecessárias, protelatórias ou intempestivas serão indeferidas pela comissão, mediante decisão fundamentada.

Tratando-se da declaração de inidoneidade, somente poderá decidir por sua aplicação ministro de Estado, secretário estadual ou municipal, ou autoridade de nível hierárquico equivalente em outras entidades (art. 156, §6º, da Lei nº 14.133/2021).

Aplicada a sanção, o órgão ou a entidade terá o prazo máximo de 15 (quinze) dias úteis para dar publicidade à decisão no Cadastro Nacional de Empresas Inidôneas e Suspensas (Ceis) e no Cadastro Nacional de Empresas Punidas (Cnep), de acordo com o art. 161 da Lei nº 14.133/2021.

4.1.2.1.6 Desconsideração administrativa da personalidade jurídica

Um ponto interessante que foi expressamente abordado pela Nova Lei de Licitações e Contratos Administrativos é a possibilidade de desconsideração da personalidade jurídica no âmbito administrativo.

A regra é que exista uma autonomia patrimonial das pessoas jurídicas em relação a seus sócios e administradores. Dessa maneira, a pessoa jurídica possui patrimônio próprio, que não se confunde com os patrimônios das pessoas físicas responsáveis por sua instituição e gestão, nos termos do art. 49-A do Código Civil.

A teoria da desconsideração da personalidade jurídica é uma construção do direito britânico que permite o afastamento temporário dessa regra da separação dos patrimônios dos sócios e da pessoa jurídica, tornando possível que aqueles respondam por dívidas dessa, sem que seja necessária a dissolução da empresa.

Há duas teorias relacionadas aos requisitos para a aplicação da desconsideração da personalidade jurídica: a teoria maior e a teoria menor. De acordo com a teoria maior, que foi adotada como regra no nosso ordenamento, deve ser demonstrado o abuso da personalidade jurídica, caracterizado pelo desvio de finalidade, para a teoria maior subjetiva, ou pela confusão patrimonial, para a teoria maior objetiva. Por outro lado, para a teoria menor, adotada, por exemplo, pelo Código de Defesa do Consumidor, a desconsideração deve ocorrer independentemente da comprovação do abuso da personalidade jurídica, bastando que a separação patrimonial constitua um obstáculo ao cumprimento da obrigação.

O art. 50 do Código Civil trata da desconsideração da personalidade jurídica no direito brasileiro e prevê que ela será realizada pelo juiz, a requerimento da parte ou do Ministério Público. Já o art. 160 da Lei nº 14.133/2021 permite que a própria Administração Pública realize da desconsideração, sem que seja necessária a intervenção judicial.

Para que ocorra a desconsideração no âmbito administrativo, deverá ser comprovado que a pessoa jurídica foi utilizada com abuso do direito para facilitar, encobrir ou dissimular a prática de atos ilícitos previstos na lei, ou que houve confusão patrimonial. Por conseguinte, foi adotada a teoria maior da desconsideração da personalidade jurídica.

Sobre a confusão patrimonial, o §2º do art. 50 do Código Civil elenca situações exemplificativas nas quais ela restará configurada. A confusão existe quando não há uma separação de fato entre os patrimônios da pessoa jurídica e de seus sócios, por exemplo, no caso de cumprimento repetitivo pela sociedade de obrigações do sócio ou do administrador ou vice-versa, bem como quando há transferência de ativos ou de passivos sem efetivas contraprestações, exceto os de valor proporcionalmente insignificante.

Cabe ressaltar que a desconsideração dependerá de contraditório e ampla defesa, com análise jurídica prévia obrigatória. Por meio desse procedimento, os efeitos das sanções aplicadas à pessoa jurídica atingirão seus administradores e sócios com poderes de administração, assim como a pessoa jurídica sucessora ou a empresa do mesmo ramo com relação de coligação ou controle, de fato ou de direito, com o sancionado.

Cabe ressaltar que a desconsideração da personalidade jurídica não alcança todos os agentes da empresa contratada, mas apenas os sócios e os administradores. Nesse sentido, os empregados não podem ser alcançados pela responsabilização decorrente da desconsideração.[80]

A título de exemplo, se uma empresa participa da licitação fazendo uso de recursos humanos e materiais de uma outra empresa, essa declarada inidônea, com o intuito de burlar a penalidade, será possível a declaração de inidoneidade, ainda que não existam sócios em comum entre as empresas.[81]

Com a previsão do art. 160 da Lei nº 14.133/2021, resta consolidado um entendimento que já era aplicável no âmbito jurisprudencial de modo a evitar a completa ineficácia das sanções.[82]

4.2 Execução por subcontratação

Os contratos administrativos possuem um caráter personalíssimo em relação ao contratado. Isso decorre do procedimento

---

[80] TCU. Acórdão nº 1484/2022 – Plenário. Relator Jorge Oliveira, j. 29.06.2022.

[81] A situação já admitia a extensão dos efeitos da sanção mesmo na vigência da lei anterior: TCU. Acórdão nº 4042/2020 – Plenário. Relator: Walton Alencar Rodrigues, j. 08.12.2020, p. 04.12.2020.

[82] Cf.: TCU. Acórdão nº 495/2013 – Plenário. Relator: Raimundo Carreiro, j. 13.03.2013, p. 25.03.2013.
TCU. Acórdão nº 1577/2011 – Primeira Câmara. Relator: Augusto Nardes, j. 15.03.2011, p. 25.03.2011.
TCU. Acórdão nº 2593/2013 – Plenário. Relator: Walton Rodrigues, j. 25.09.2013, p. 18.10.2013.

licitatório, que visa selecionar a proposta mais vantajosa e promover uma concorrência isonômica entre os interessados. Dessa forma, encerrada a licitação, aquele que fez a proposta vencedora deverá ser o contratado, ressalvada a possibilidade de serem convocados os demais licitantes, nos termos do art. 90 da Lei nº 14.133/2021.

Por conseguinte, a regra é que o objeto contratual seja executado exclusivamente pelo contratado, que é também quem apresentou toda a habilitação necessária e demonstrou a capacidade para tanto. No entanto, essa regra admite exceção por meio da subcontratação.

A subcontratação ocorre quando o contratado inicia uma nova relação jurídica com um terceiro para executar parcelas do objeto contratual originário. Essa relação jurídica contratual é firmada entre o contratado e o subcontratado, não tendo a Administração como participante ou interveniente. Por meio desse instrumento, é possível que o contratado delegue partes específica da obra, do serviço ou do fornecimento, de maneira a tornar mais eficiente a execução do contrato.

Vale ressaltar, contudo, que há espécies de contratações em que o caráter personalíssimo incidirá com mais intensidade. É o caso das contratações diretas, tanto por dispensa quanto por inexigibilidade, para as quais a jurisprudência do Tribunal de Contas da União já veda a realização de subcontratações, sob pena de descaracterização da contratação direta.[83]

Para que a subcontratação ocorra, não é necessário que ela esteja prevista expressamente como possibilidade, uma vez que não está dentre as cláusulas necessárias do art. 92 da Lei nº 14.133/2021. O §2º do art. 122 da Lei nº 14.133/2021 apenas estabelece que o regulamento ou edital de licitação poderão vedar, restringir ou estabelecer condições para a subcontratação, de modo que a autorização expressa é dispensada, até mesmo porque ela decorre da própria lei.

O que é necessário para a subcontratação é que haja autorização em cada caso pela Administração Pública, que fixará o limite a ser subcontratado, de acordo com o art. 122 da Lei nº 14.133/2021.

---

[83] TCU. Acórdão nº 275/2010 – Primeira Câmara. Relator: Walton Alencar Rodrigues, j. 26.01.2010, p. 29.01.2010.
TCU. Acórdão nº 2644/2009 – Plenário. Relator: Valmir Campelo, j. 11.11.2009, p. 13.11.2009.
TCU. Acórdão nº 1183/2010 – Plenário. Relator: Aroldo Cedraz, j. 26.05.2010, p. 04.06.2010.

É interessante notar que a lei fala expressamente que a subcontratação deve ocorrer até o limite autorizado, em cada caso, o que permite a conclusão de que a subcontratação total do objeto contratual é vedada. E não poderia ser diferente, tendo em vista que a entrega da integralidade do objeto a um terceiro que não participou da licitação claramente violaria todo o propósito do certame e da seleção da proposta mais vantajosa.

Apesar da limitação à subcontratação, há um caso em que ela poderá ser total. No caso de obras e serviços de engenharia, a Administração Pública poderá exigir que o seguro-garantia do contrato contenha a chamada cláusula de retomada, por meio da qual, em caso de inexecução, a seguradora poderá assumir o objeto contratual. Nesses casos, o art. 102, III, da Lei nº 14.133/2021 admite a possibilidade de a seguradora não executar diretamente o objeto assumido por meio da subcontratação total. Dessa forma, esse é o único caso admitido na Nova Lei de Licitações e Contratos Administrativos de subcontratação de todo o contrato.

4.2.1 A escolha do subcontratado

A escolha do subcontratado caberá à empresa originalmente contratada, não sendo necessária a realização de um novo procedimento licitatório para tanto,[84] devendo ser observadas algumas restrições legais e as que eventualmente sejam estabelecidas pela Administração. Inclusive, por não haver amparo legal, não é devida a exigência de prévia aprovação da empresa a ser subcontratada pela Administração Pública,[85] ressalvada a análise da capacidade técnica.

Será necessário, nesse sentido, que o contratado apresente à Administração documentação que comprove a capacidade técnica do contratado, que deverá ser devidamente avaliada, aprovada e juntada aos autos do processo de contratação (art. 122, §1º, da Lei nº 14.133/2021).

---

[84] TCU. Acórdão nº 3136/2014 – Plenário. Relator: Augusto Sherman, j. 12.11.2014, j. 19.11.2014.

[85] TCU. Acórdão nº 697/2013 – Plenário. Relator: Weder de Oliveira, j. 27.03.2013, p. 08.04.2013.

Além disso, como forma de manter o respeito à moralidade e as vedações ao nepotismo e ao favorecimento ilícito, o art. 122, §3º, da Lei nº 14.133/2021, estabelece algumas limitações à escolha do subcontratado. Nesse sentido, é vedada a subcontratação de pessoa física ou jurídica, se aquela ou os dirigentes dessa mantiverem vínculo de natureza técnica, comercial, econômica, financeira, trabalhista ou civil com dirigente do órgão ou entidade contratante ou com agente público que desempenhe função na licitação ou atue na fiscalização ou na gestão do contrato, ou se deles forem cônjuge, companheiro ou parente em linha reta, colateral, ou por afinidade, até o terceiro grau. Essa proibição deverá constar expressamente do edital de licitação.

4.3 Obrigações do contratado na execução do contrato

Durante a execução contratual, o contratado assume certas obrigações e responsabilidades que decorrem expressamente da lei, além daquelas previstas nas cláusulas contratuais. Boa parte das obrigações já estará prevista no contrato, como é o caso da necessidade de manutenção de todas as condições exigidas para a habilitação na licitação, ou para a qualificação, na contratação direta (art. 92, XVI, da Lei nº 14.133/2021).

Apesar de a obrigação de cumprimento das exigências de reserva de cargos para pessoa com deficiência, para reabilitado da Previdência Social e para aprendiz já dever constar como cláusula contratual (art. 92, XVII, da Lei nº 14.133/2021), a lei reforça essa previsão em seu art. 116. Além disso, o parágrafo único do art. 116 confere à Administração a capacidade de solicitar, em qualquer momento da execução do contrato, a comprovação do cumprimento da reserva de cargos, com a indicação dos empregados que preencherem as referidas vagas.

Também é obrigação do contratado manter um preposto no local da obra ou do serviço, nos termos do art. 118 da Lei nº 14.133/2021. Tal preposto deve ser aceito pela Administração Pública e cumprirá a função de representar o contratado durante a execução do objeto contratual.

A necessidade de indicação formal e de manutenção de um preposto no local da prestação é especialmente importante em contratos envolvendo serviços terceirizados. Nessas situações, a existência de um preposto que permita a intermediação das solicitações do contratante serve para evitar a caracterização de subordinação direta dos profissionais prestadores de serviços à Administração Pública.[86]

Outra obrigação importante do contratado decorrente da execução contratual diz respeito à necessidade de fiel cumprimento das especificações do objeto do contrato. Nesse sentido, sempre que forem constatados vícios, defeitos ou incorreções decorrentes da execução ou dos materiais nela empregados, o contratado terá a obrigação de, a suas expensas, reparar, corrigir, remover reconstruir ou substituir, no todo ou em parte, o objeto contratual, de acordo com o art. 119 da Lei nº 14.133/2021.

4.4 Responsabilidades do contratado na execução do contrato

Segundo prevê o art. 120 da Lei nº 14.133/2021, contratado será responsável pelos danos causados diretamente à Administração ou a terceiros em razão da execução do contrato. Essa responsabilidade não será excluída nem reduzida por conta da fiscalização ou do acompanhamento do contrato pelo contratante.

O dispositivo correspondente da lei anterior (art. 70 da Lei nº 8.666/1993) afirmava expressamente que a responsabilidade decorreria de dolo ou culpa na execução do contrato, tornando-a subjetiva. Na Nova Lei de Licitações e Contratos Administrativos, a previsão não foi repetida. Isso porque existem condutas no âmbito contratual administrativo que estarão sujeitas à responsabilização objetiva.

A regra em nosso ordenamento jurídico é que a responsabilidade civil seja subjetiva, demandando a comprovação da ação, do dano, do nexo de causalidade e do elemento subjetivo (dolo ou culpa). Para que haja responsabilidade objetiva, é necessário que haja previsão legal ou que a atividade desenvolvida pelo autor do dano implique, por sua natureza, risco para os direitos de outrem, nos termos do art. 927, parágrafo único, do Código Civil.

---

[86] TCU. Acórdão nº 669/2008 – Plenário. Relator: Benjamin Zymler, j. 16.04.2008, p. 18.04.2008.

Nesse sentido, a responsabilidade do contratado será, em regra, subjetiva, mas poderá ser objetiva nos casos previstos em lei ou quando sua atividade for, por natureza, arriscada.

Caso esteja agindo na qualidade de prestador de serviço público, o contratado será objetivamente responsável pelos danos que causar a terceiros, de acordo com o art. 37, §6º, da Constituição Federal. Também no caso de dano ambiental a responsabilidade civil será objetiva, segundo o art. 14, §1º, da Lei nº 6.938/1981. Ademais, ainda haverá responsabilidade objetiva, por previsão legal expressa, caso praticado pelo contratado que seja pessoa jurídica algum dos atos lesivos à Administração Pública previstos no art. 5º da Lei nº 12.846/2013.

A própria Lei nº 14.133/2021 também prevê expressamente casos em que a responsabilidade será objetiva. O projetista ou consultor que tenha elaborado projeto de obra será objetivamente responsável por todos os danos eventualmente causados por falha de projeto (art. 140, §5º, da Lei nº 14.133/2021). Ademais, em caso de obra, o contratado responderá pelo prazo mínimo de 5 (cinco) anos, de maneira objetiva, pela solidez e pela segurança dos materiais e dos serviços executados, assim como pela funcionalidade do objeto entregue (art. 140, §6º, da Lei nº 14.133/2021). Ainda, no caso específico de contratação de terceiros para auxiliar na fiscalização de contratos administrativos, haverá responsabilidade civil objetiva pela veracidade e pela precisão de todas as informações prestadas na execução contratual (art. 117, §4º, I, da Lei nº 14.133/2021).

4.4.1 Aplicabilidade do Código de Defesa de Consumidor aos contratos administrativos

Além das responsabilidades contratuais e legais inerentes ao regime dos contratos administrativos, é necessário analisar se o contratado também pode ser responsabilizado com base nas regras de proteção consumeristas perante a Administração Pública.

O conceito de consumidor está previsto no art. 2º do Código de Defesa do Consumidor (CDC) e corresponde a "toda pessoa física ou jurídica que adquire ou utiliza produto ou serviço como destinatário final". Não há, portanto, uma restrição expressa que impeça, de pronto, a assunção pelo Poder Público da condição de consumidor.

A discussão surge, contudo, em relação à possibilidade de aplicação de regras que buscam proteger uma parte que, por definição, é vulnerável (art. 4º, I, do CDC), diante da existência das prerrogativas contratuais inerentes ao regime jurídico dos contratos administrativos. Para alguns, a existência dessas prerrogativas, que admitem a fiscalização contratual, as alterações e extinções unilaterais, assim como a aplicação de sanções, não se coadunaria com a vulnerabilidade. Isso porque a Administração, em razão do regime jurídico de direito público e da necessidade de proteção dos interesses públicos, forma uma relação de verticalidade com o contratado, ocupando uma posição de certa superioridade.

Entretanto, a posição de superioridade nem sempre será estendida para além da estrita relação contratual. As prerrogativas existem para que o interesse público relativo à execução do objeto contratual seja resguardado, mas nem sempre elas incidem totalmente. Há contratos em que as regras de direito privado incidem com certa intensidade, como nos bancários, nos de locação e nos de seguro. Nesses casos, não será tão notável a relação de verticalidade.

Nesse contexto, o conceito de vulnerabilidade não deve ser visto de maneira restritiva. Na verdade, ele pode abranger diversas formas, como a vulnerabilidade técnica, a científica ou a econômica. Diante disso, por mais que possa existir uma posição diferenciada na relação contratual, nèm sempre haverá uma maior capacidade da Administração em relação ao objeto contratado, notoriamente por falta de conhecimentos específicos.

Foi esse raciocínio que levou o Superior Tribunal de Justiça a decidir que, a depender das circunstâncias do caso concreto, as regras de proteção do consumidor poderão ser aplicáveis à Administração Pública contratante.[87] Havendo em um contrato específico uma condição de vulnerabilidade, as regras consumeristas serão aplicáveis por conta da regra de aplicação supletiva das normas privadas aos contratos administrativos (art. 89 da Lei nº

---

[87] STJ. REsp nº 1.772.730/DF, relator Ministro Herman Benjamin, Segunda Turma, julgado em 26.05.2020, DJe de 16.09.2020.

14.133/2021), permitindo, assim, a responsabilização do contratado de acordo com as previsões do Código de Defesa do Consumidor.

4.4.2 Responsabilidades por encargos decorrentes da execução contratual

Além da responsabilidade civil, há a responsabilidade do contratado pelos encargos decorrentes da execução contratual. De acordo com o art. 121 da Lei nº 14.133/2021, somente o contratado deverá responder por esses encargos, sejam eles trabalhistas, previdenciários, fiscais ou comerciais.

Nesse contexto, havendo inadimplência do contratado, a Administração Pública, na condição de contratante, não poderá ser responsabilizada por encargos trabalhistas, fiscais e comerciais (art. 121, §1º, da Lei nº 14.133/2021). Como o contratado responde exclusivamente pelos débitos, o objeto do contrato não poderá ser onerado pela inadimplência, nem poderá haver restrição à regularização e ao uso das obras e das edificações, inclusive perante o registro de imóveis.

Existe, contudo, uma possibilidade de responsabilização da Administração Pública por encargos previdenciários e trabalhistas. Isso ocorrerá apenas nas contratações de serviços contínuos com regime de dedicação exclusiva de mão de obra, nos quais haverá responsabilidade solidária por encargos previdenciários e subsidiária por encargos trabalhistas, desde que seja comprovada falha no dever de fiscalização da Administração (art. 121, §2º, da Lei nº 14.133/2021).

Em relação aos encargos previdenciários, a solidariedade decorre da forma de adimplemento dos encargos nesses contratos, que deve ocorrer por meio da retenção dos valores pela contratante, nos termos do art. 31 da Lei nº 8.212/1991. Já a responsabilidade subsidiária do tomador de serviços por encargos trabalhistas é entendimento consolidado do Tribunal Superior do Trabalho (Súmula nº 331).

4.5 Fiscalização do contrato

A fiscalização da execução contratual é, ao mesmo tempo uma prerrogativa contratual e uma obrigação da Administração Pública. O interesse público envolvido no objeto de cada contrato administrativo, por ser indisponível, exige uma especial atenção à fiel execução do objeto contratado, de modo a evitar prejuízos a toda a sociedade. Por conseguinte, a Administração deverá designar especialmente um ou mais fiscais para cada contrato, que acompanharão e fiscalizarão a execução, nos termos do art. 117 da Lei nº 14.133/2021.

Para a designação, o fiscal do contrato deverá atender aos requisitos do art. 7º da Lei nº 14.133/2021: *i*) ser, preferencialmente, servidor efetivo ou empregado público dos quadros permanentes da Administração Pública; *ii*) ter atribuições relacionadas a licitações e contratos ou possuir formação compatível ou qualificação atestada por certificação profissional emitida por escola de governo criada e mantida pelo poder público; e *iii*) não ser cônjuge ou companheiro de licitantes ou contratados habituais da Administração nem tenham com eles vínculo de parentesco, colateral ou por afinidade, até o terceiro grau, ou de natureza técnica, comercial, econômica, financeira, trabalhista e civil.

A fiscalização é tão importante para a execução do contrato que o fiscal deve ser designado com cautela, evitando-se eventuais conflitos de interesses no exercício da função.[88] Como forma de resguardar a moralidade pública, não é admissível, por exemplo, que funcionário dos quadros da empresa contratada ou que a ela seja subordinado a qualquer título exerça o papel de fiscal.[89] Ademais, cabe ressaltar que os membros da comissão de licitação não podem ser designados como fiscais dos contratos, já que a função por eles exercida é diversa e não se coaduna com a necessidade de um fiscal especialmente designado.[90]

Uma vez designado, será o fiscal do contrato o responsável por conferir o cumprimento de todas as obrigações da contratada, em todas as etapas do planejamento da execução e de acordo com as especificidades previstas no instrumento contratual. Isso ocorrerá por meio de anotações em registros próprios de todas as ocorrências

---

[88] TCU. Acórdão nº 3083/2010-Plenário. Relator: Raimundo Carreiro, j. 17.11.2010, p. 24.11.2010.

[89] TCU. Acórdão nº 213/2007 – Plenário. Relator: Guilherme Palmeira, j. 28.02.2007.

[90] TCU. Acórdão nº 2146/2011 – Segunda Câmara. Relator: José Jorge, j. 05.04.2011, p. 11.04.2011.

relacionadas à execução do contrato, cabendo ao fiscal determinar o que for necessário para a regularização de falhas ou faltas que sejam observadas (art. 117, §1º, da Lei nº 14.133/2021).

Os atestos realizados pelos fiscais representam uma forma essencial de controle das contratações públicas. É por isso que a fiscalização deve ser presencial, evitando-se a prática de atesto "à distância".[91] Inclusive, em razão de atestos realizados de maneira indevida, que aceitem a execução do objeto contratual em desconformidade com as especificações contratuais, os fiscais podem ser responsabilizados juntamente com a contratada.[92]

Também caberá ao fiscal do contrato informar aos superiores as medidas que sejam necessárias quando a situação demandar decisão ou providência que ultrapasse sua competência (art. 117, §2º, da Lei nº 14.133/2021). Nesse sentido, ainda está inserida na competência do responsável pela fiscalização do contrato propor e avaliar eventuais pedidos de promoção de alterações contratuais, tendo em vista sua capacidade para atestar as necessidades do objeto que está sendo executado.[93]

4.5.1 Contratação de terceiros para auxiliar na fiscalização

O art. 117 da Lei nº 14.133/2021 permite a contratação de terceiros para auxiliar na atuação da fiscalização contratual. Dessa forma, mediante procedimento licitatório próprio, será possível a contratação de empresas ou pessoas especializadas em supervisão e fiscalização de contratos, que assistiram e subsidiarão os fiscais com informações pertinentes.

Essa possibilidade, contudo, não serve para substituir o fiscal do contrato. É necessário que a fiscalização esteja a cargo da Administração Pública, sendo a contratação de terceiros apenas uma fonte de auxílio no exercício da função. Assim, nos limites das informações recebidas do contratado, a responsabilidade do fiscal

---

[91] TCU. Acórdão nº 2507/2011 – Plenário. Relator: Valmir Campelo, j. 21.09.2011, p. 17.11.2011.

[92] TCU. Acórdão nº 2325/2015 – Plenário. Relator: Augusto Sherman, j. 16.09.2015, p. 04.11.2015.

[93] TCU. Acórdão nº 1450/2011 – Plenário. Relator: Augusto Nardes, j. 01.06.2011, p. 21.06.2011.

do contrato ainda permanecerá responsável pelo cumprimento de seus deveres legais (art. 114, §4º, II, da Lei nº 14.133/2021).

Em razão da importância da fiscalização, aquele que for contratado para auxiliar na fiscalização de contratos administrativos deverá assumir responsabilidade civil objetiva pela veracidade e pela precisão das informações prestadas. Além disso, será necessário firmar um termo de compromisso de confidencialidade, já que o contratado terá acesso a informações sensíveis, bem como será proibido o exercício de atribuição que seja própria e exclusiva do fiscal do contrato (art. 117, §4º, I, da Lei nº 14.133/2021).

4.6 Pagamentos

A Lei nº 14.133/2021 inovou ao trazer um regramento específico e mais detalhado acerca dos pagamentos a serem realizados pela execução dos contratos administrativos. A regra geral é o pagamento em ordem cronológica, de acordo com cada fonte diferenciada de recursos, sendo a ordem subdividida nas seguintes categorias de contratos: *i*) fornecimento de bens; *ii*) locações; *iii*) prestação de serviços; e *iv*) realização de obras.

Dessa maneira, por força do art. 141 da Lei nº 14.133/2021, cada uma das categorias de contratos terá uma ordem cronológica própria, que deve ser observada, sob pena de punição do agente responsável.

Entretanto, a ordem cronológica pode ser excepcionalmente alterada, por meio de justificativa da autoridade competente e comunicação ao órgão de controle interno da Administração e ao Tribunal de Contas competente, nos termos do §1º do art. 141 da Lei nº 14.133/2021. Essa alteração, contudo, somente pode ocorrer nos casos previstos taxativamente no dispositivo citado, que englobam situações específicas em que o pagamento posterior pode gerar riscos.

4.6.1 Remuneração variável

Apesar de normalmente os pagamentos devidos pela execução contratual serem fixados previamente, de acordo com a parcela executada, é possível, para casos específicos em que haja compatibilidade, a estipulação de uma remuneração variável.

A remuneração variável fica vinculada ao desempenho do contratado, tomando como base metas, padrões de qualidade, critérios de sustentabilidade ambiental e prazos de entrega. Essa remuneração variável poderá ocorrer na contratação de obras, de fornecimentos e de serviços, inclusive de engenharia, nos termos do art. 144 da Lei nº 14.133/2021. Para a adoção desse formato de pagamento, é necessário que o edital de licitação e o contrato contenham previsão nesse sentido, de maneira motivada e respeitando o limite orçamentário fixado para a contratação.

No que tange à forma de cálculo do pagamento em si, caberá à Administração fixá-la motivadamente no caso concreto. De acordo com o §1º do art. 144 da Lei nº 14.133/2021, é possível que o pagamento seja feito com base em percentual sobre o valor economizado em determinada despesa, nos casos de contratos para a implantação de processo de racionalização. Nesses casos, as despesas serão realizadas à conta dos mesmos créditos orçamentários para os quais houve a econômica, na forma de regulamento específico do ente.

4.6.2 Pagamento antecipado

Os pagamentos, naturalmente, devem ser realizados mediante a comprovação do cumprimento das etapas contratuais respectivas. Como forma de resguardar os interesses da Administração Pública contra fraudes e descumprimentos, a realização de pagamentos antecipados, totais ou parciais, não é permitida, nos termos do art. 145 da Lei nº 14.133/2021.

O próprio procedimento de realização de despesas pela Administração Pública demanda, como regra, a prévia liquidação, na qual é verificado o direito do credor com base em documentação que comprove o crédito, nos termos do art. 63 da Lei nº 4.320/1964. Assim, até mesmo a conduta de permitir que produtos adquiridos e pagos fiquem em poder do fornecedor pode configurar pagamento antecipado irregular, mesmo que haja documento de autorização para posterior recebimento do material do fornecedor.[94]

---

[94] TCU. Acórdão nº 358/2015 – Plenário. Relator: Augusto Sherman, j. 04.03.2015, p. 16.03.2015.

A regra, contudo, comporta exceções para situações específicas. O §1º do art. 145 da Lei nº 14.133/2021 admite a realização de pagamentos antecipados, mas essa possibilidade deve ser justificada no processo licitatório e estar expressamente prevista em edital ou instrumento contratual.

Por ser uma forma excepcional de pagamento, a antecipação somente poderá ser realizada em duas hipóteses: *i*) para propiciar sensível economia de recursos; ou *ii*) quando representar condição indispensável para a obtenção do bem ou para a prestação do serviço.

Em ambos os casos, mas especialmente no primeiro (sensível economia de recursos), deve haver justificativa compreensiva, que demonstre numericamente a vantagem pretendida pela Administração Pública ou a indispensabilidade da antecipação para a execução do objeto contratual. Também é interessante que seja demonstrado que essa prática é comum no mercado específico no qual está inserido o objeto da contratação, de modo que não seja adotado o pagamento antecipado sem efetiva vantagem.

Ademais, de acordo com o art. 145, §2º, da Lei nº 14.133/2021, a Administração poderá adotar a cautela de exigir prestação de garantia adicional como condição para o pagamento antecipado, a ser prestada nas formas admitidas pela lei. Em caso de inexecução do objeto contratual no prazo estipulado, o valor eventualmente antecipado deverá ser devolvido pelo contratado.

4.6.3 Compensações

O instituto da compensação não está previsto expressamente na legislação que rege especificamente os contratos administrativos. No entanto, por força do art. 89 da Lei nº 14.133/2021, é possível a aplicação supletiva dos princípios da teoria geral dos contratos e das disposições de direito privado aos contratos firmados pela Administração Pública.

O instituto jurídico da compensação está previsto na Parte Especial do Código Civil, dentro do Livro I (Do direito das obrigações), e em seu Título III (Do adimplemento e extinção das obrigações). Não se trata, por conseguinte, de um princípio da teoria geral dos contratos, mas de uma disposição de direito privado.

Nesse contexto, apesar da omissão na Lei de Licitações e Contratos Administrativos, considerando que a compensação é um instituto geral em relação às obrigações, deve-se concluir pela possibilidade de sua aplicação supletiva no âmbito administrativo, entendimento já aceito pelo Superior Tribunal de Justiça[95] e pelo Tribunal de Contas da União.[96]

A compensação ocorre quando duas pessoas são, ao mesmo tempo, credor e devedor uma da outra, desde que as dívidas sejam líquidas, vencidas e de coisas fungíveis. Nesse caso, as obrigações serão extintas, até onde se compensarem, nos termos do art. 368 do Código Civil. Além disso, por não ser necessária a coincidência de causas nas dívidas, é possível até mesmo a compensação entre a Administração Pública e o contratado por valores relativos a contratos distintos, desde que entre as mesmas partes.

Dessa maneira, caso a Administração Pública constate a existência de dívidas recíprocas, sendo elas líquidas, vencidas e de coisas fungíveis (no caso, em dinheiro), como no caso de eventuais multas impostas ao contratado ou de indenizações por ele devidas, será possível realizar a compensação. Para tanto, não será necessária a realização de aditivo contratual, uma vez que as cláusulas do ajuste permanecerão inalteradas, sendo cabível a utilização da simples apostila, com fundamento no art. 136, II, da Lei nº 14.133/2021.

4.6.4 Retenção de pagamentos

A retenção de pagamentos é situação diferente da realização de compensações. Enquanto a compensação ocorre diante de reciprocidade de dívidas, a retenção normalmente é intentada em razão de descumprimentos de outras obrigações por parte do contratado.

Essa retenção é, em regra, vedada. É que as sanções previstas em lei existem em rol taxativo, não podendo ser ampliadas em razão

---

[95] STJ. MS nº 4.382/DF, relator Ministro Humberto Gomes de Barros, Primeira Seção, julgado em 10.04.1996, DJ de 20.05.1996.

[96] TCU. Acórdão nº 1127/2017 – TCU – Plenário. Relator: Ministro José Mucio Monteiro, j. 31.05.2017, p. 30.08.2017.

do princípio da legalidade que vincula a atuação administrativa. Diante disso, a retenção, mesmo em face da execução e do recebimento do objeto contratual, configuraria um enriquecimento sem causa da Administração Pública.

Nesse contexto, o Superior Tribunal de Justiça tem já pacificado, por exemplo, o entendimento de que é ilegal a retenção de pagamentos devidos aos fornecedores, ainda que em situação de irregularidade fiscal, por ausência de previsão legal.[97]

Dessa maneira, o inadimplemento das obrigações fiscais da contratada pode ensejar, além da aplicação das penalidades expressamente previstas em lei, a rescisão do contrato e a execução de garantias para que haja o ressarcimento de valores devidos, mas não pode resultar na retenção de pagamento por serviço já executado ou fornecimento já entregue.[98]

O mesmo raciocínio é aplicável para as demais certidões e condições de habilitação que o contratado é obrigado a manter e a apresentar durante a execução contratual. É comum a Administração Pública exigir a apresentação de extensa documentação para a realização de pagamentos, porém, é necessário ressaltar que esse requerimento está vinculado à fiscalização do contrato, não ao pagamento em si. Com isso, a não apresentação de documentos demandados que não estejam vinculados à comprovação da execução do contrato pode ensejar a aplicação de penalidades e até mesmo a extinção da avença, mas não a retenção de pagamentos devidos por serviços comprovadamente prestados.

Os pagamentos estão vinculados à execução contratual e é certo que podem surgir controvérsias acerca da execução do objeto, seja em relação à dimensão, à qualidade ou à quantidade. Nesses casos, diante da possibilidade de inexecução contratual, caberá à Administração Pública apurar a questão antes de realizar o pagamento. Entretanto, se a controvérsia não incidir sobre todo o valor devido, não será possível a retenção da parcela incontroversa,

---

[97] STJ. AgRg no REsp: nº 1313659 RR 2012/0049480-3, Relator: Ministro Mauro Campbell Marques, Data de Julgamento: 23.10.2012, T2 – SEGUNDA TURMA, Data de Publicação: DJe 06.11.2012.

[98] TCU. Acórdão nº 2079/2014 – Plenário. Relator: Augusto Sherman, j. 06.08.2014, p. 09.09.2014.

que deverá ser paga ao contratado no prazo contratualmente previsto, de acordo com o art. 143 da Lei nº 14.133/2021.

Por outro lado, a jurisprudência aceita a realização de retenções de pagamentos em uma situação específica: quando a Administração Pública puder ser responsabilizada pelas obrigações descumpridas pela contratada.[99] É o caso da contratação de serviços contínuos com regime de dedicação exclusiva de mão de obra, na qual a Administração responde solidariamente pelos encargos previdenciários e subsidiariamente pelos encargos trabalhistas, quando constatada falha na fiscalização do cumprimento das obrigações do contrato (art. 121, §2º, da Lei nº 14.133/2021).

Nessa situação, a retenção decorrente da constatação do descumprimento das obrigações por parte do contratado será viável e necessária para acautelar a Administração Pública.[100] É possível – e até mesmo recomendável – a previsão expressa nesses contratos da possibilidade de retenção em razão da inadimplência de obrigações trabalhistas e previdenciárias.[101] Inclusive, o art. 121, §3º, II, da Lei nº 14.133/2021, permite, mediante disposição em edital ou em contrato, que a Administração Pública condicione os pagamentos devidos ao contratado à comprovação de quitação das obrigações trabalhistas vencidas em relação ao contrato.

4.7 Recebimento do objeto contratual

A finalidade de qualquer contrato é a execução completa de seu objeto. Essa é a forma regular pela qual o contrato deve chegar ao seu fim. Nas contratações públicas, há um procedimento necessário para que ele seja recebido, dividido em duas fases. Há, assim, um recebimento provisório e um definitivo, cujos prazos e

---

[99] TCU. Acórdão nº 3301/2015 – Plenário. Relator: Walton Alencar Rodrigues, j. 09.12.2015, p. 21.12.2015.

[100] Outro exemplo em que a retenção já foi aceita, apesar de não haver uma repetição na jurisprudência do TCU, é o caso de constatação de superfaturamento, em que já foi admitida a continuidade dos serviços mediante retenção correspondente ou apresentação de garantias para prevenir possível dano ao erário (TCU. Acórdão nº 1383/2012 – Plenário. Relator: Walton Alencar Rodrigues, j. 06.06.2012, p. 20.06.2012.

[101] TCU. Acórdão nº 1671/2017 – Plenário. Relator: José Mucio Monteiro, j. 02.08.2017, p. 21.08.2017.

métodos devem ser definidos em regulamento do ente contratante ou no próprio contrato.

O recebimento provisório é de competência do responsável pelo acompanhamento e pela fiscalização do contrato. Tratando-se de obras e serviços, esse recebimento é feito mediante termo detalhado, depois de verificado o cumprimento de todas as exigências de caráter técnico (art. 140, I, "a", da Lei nº 14.133/2021). Já no caso de compras, o recebimento provisório é realizado de forma sumária, sendo a verificação da conformidade do material com as exigências contratuais posterior (art. 140, II, "a", da Lei nº 14.133/2021).

Vale observar que o recebimento provisório, em caso de obras, não tem o propósito de legitimar a entrega provisória de obra inconclusa. O que esse recebimento visa é resguardar a Administração em caso de aparecimento de vícios ocultos.[102] É nesse momento que o gestor do contrato tem o dever de cobrar a regularização de pendências pela construtora.[103]

Nesse contexto, o recebimento, ainda que provisório, deve proteger a Administração Pública de possíveis alegações da contratada de que eventuais falhas surgiram após a execução dos serviços. Por outro lado, ele também resguarda o contratado, uma vez que, após o recebimento, ele transfere a posse do bem ou do resultado do serviço, ficando desincumbido dos riscos de perda ou deterioração.[104]

Por sua vez, no recebimento definitivo, um servidor ou uma comissão designada pela autoridade competente deverá preparar um termo detalhado. É por meio desse termo que será atestado o atendimento das exigências contratuais, tanto para obras e serviços quanto para compras.

Sendo necessários testes, ensaios ou outras provas de aferição da boa e fiel execução do objeto contratual, por conta de normas técnicas oficiais, caberá ao contratado arcar com os custos, salvo disposição em contrário no edital ou em ato normativo (art. 140, §4º, da Lei nº 14.133/2021).

---

[102] TCU. Acórdão nº 853/2013 – Plenário. Relator: José Jorge, j. 10.04.2013, p. 23.04.2013.

[103] TCU. Acórdão nº 1238/2013 – Plenário. Relator: José Jorge, j. 22.05.2013, p. 04.06.2013.

[104] TCU. Acórdão nº 2243/2013 – Plenário. Relator: José Mucio Monteiro, j. 21.08.2013, p. 17.09.2013.

Apesar de o recebimento atestar que o objeto recebido está de acordo com as exigências contratuais, o contratado não será eximido de suas responsabilidades. Dessa forma, tanto no recebimento provisório quanto no definitivo, o contratado permanecerá civilmente responsável pela solidez e pela segurança da obra ou do serviço, bem como pela perfeita execução do contrato (art. 140, §2º, da Lei nº 14.133/2021). Logo, o recebimento não tem o efeito jurídico de convalidar quaisquer vícios existentes, ainda que somente sejam percebidos posteriormente.

No caso específico das obras, o recebimento definitivo não afastará a responsabilidade objetiva do projetista ou do consultor por eventuais danos causados por falha de projeto (art. 140, §4º, da Lei nº 14.133/2021). Ademais, não será afastada a responsabilidade objetiva do contratado pela solidez e pela segurança dos materiais e dos serviços executados e pela funcionalidade da construção, da reforma, da recuperação ou da ampliação do bem imóvel, nos termos do art. 140, §6º, da Lei nº 14.133/2021).

Estando o objeto em desacordo com o contrato, ele poderá ser rejeitado, total ou parcialmente, desde que de maneira motivada, de acordo com o art. 140, §1º, da Lei nº 14.133/2021. Com isso, poderá haver o enquadramento da situação em alguma das infrações por inexecução contratual, sujeitando o contratado às sanções legais.

CAPÍTULO 5

ALTERAÇÕES DOS CONTRATOS E DOS PREÇOS

5.1 Formas de alteração dos contratos administrativos

Os contratos administrativos, em razão do próprio regime jurídico a que estão sujeitos, possuem uma mutabilidade marcante. Deve haver um cerne contratual que não pode ser alterado, sob pena de desconfiguração do ajuste. Porém, há aspectos que estão sujeitos a modificações.

O art. 124 da Lei nº 14.133/2021 prevê duas espécies básicas de alterações contratuais, tomando como base a necessidade ou não de concordância do contratado. Nesse sentido, há alterações feitas unilateralmente pela Administração Pública e há alterações que dependerão do acordo entre as partes (bilaterais).

A regra é que os contratos sejam executados exatamente como firmados. Essa é a expectativa normal das partes no momento em que firmam o ajuste. Entretanto, diversas situações podem surgir que tornem mais conveniente ou mesmo necessária a alteração de previsões do contrato para que a execução ocorra.

É interessante observar que, qualquer que seja a forma de alteração, caso ela decorra de falhas de projeto em contratos de obras e serviços de engenharia, o art. 124, §1º, da Lei nº 14.133/2021, prevê que o responsável técnico poderá ser responsabilizado, devendo ser adotadas as providências necessárias para o ressarcimento dos danos causados à Administração.

5.1.1 Alterações unilaterais

As alterações unilaterais podem assumir duas formas, a depender da maneira como o contrato administrativo será modificado.

A primeira delas envolve a modificação do projeto ou de suas especificações, para melhor adequação técnica a seus objetivos. Trata-se da alteração unilateral qualitativa, que tem lugar quando, por fundamentos técnicos, o projeto precisa ser alterado para incluir ou excluir soluções técnicas.

É certo que o planejamento das contratações públicas deve ser o mais eficiente possível, evitando-se desperdícios e a reformulação dos projetos. No entanto, há inúmeros fatores que podem afetar a adequação das soluções técnicas previstas inicialmente, o que torna necessária uma alteração que vise à melhor satisfação do interesse público. Logo, é necessário cuidado para que a alteração seja devidamente justificada, demonstrando-se claramente as vantagens da alteração.

Já a segunda forma de alteração unilateral ocorre quando houver necessidade de modificação do valor contratual em decorrência de acréscimo ou diminuição quantitativa de seu objeto, nos limites da lei. Trata-se da alteração unilateral quantitativa. Nesse caso, a alteração não deve modificar o projeto, restringindo-se apenas à alteração dos quantitativos já previstos no orçamento contratual, seja para aumentá-los ou para reduzi-los.

É importante observar que nenhuma alteração unilateral, seja ela qualitativa ou quantitativa, poderá transfigurar o objeto da contratação, nos termos do art. 126 da Lei nº 14.133/2021. Nesse sentido, é necessário que essas respeitem o que foi licitado e contratado, de modo que não seja desrespeitada a vinculação ao instrumento convocatório e ao contrato.

Ademais, os aditivos que representarem acréscimos aos contratos devem seguir os preços unitários dos itens previstos no orçamento. No entanto, caso o contrato não contemple preços unitários para obras ou serviços, eles serão fixados por meio da aplicação da relação geral entre os valores da proposta e o do orçamento-base da Administração sobre os preços referenciais ou de mercado vigentes na data do aditamento, respeitados os limites percentuais para a alteração unilateral (art. 127 da Lei nº 14.133/2021).

Também o desconto dado pelo licitante vencedor em contratações de obras e serviços de engenharia deve ser mantido nos aditivos realizados. Por esse motivo, o art. 128 da Lei nº 14.133/2021 prevê que a diferença percentual entre o valor global do contrato e o preço global de referência não poderá ser reduzida em favor do contratado em decorrência de aditamentos que modifiquem a planilha orçamentária.

Outro ponto a ser observado é o fato de que as alterações unilaterais não podem causar prejuízos excessivos ao contratado, sob pena de possivelmente inviabilizarem a continuidade da execução. Nesse sentido, nas alterações que resultarem em supressões, o contratado terá direito ao pagamento dos materiais já adquiridos e alocados no local de trabalho pelo custo de aquisição, cabendo, inclusive, indenização por outros danos comprovados (art. 129 da Lei nº 14.133/2021). Da mesma forma, a alteração unilateral que aumente ou diminua os encargos do contratado deverá ter o correspondente reequilíbrio econômico-financeiro no mesmo aditivo, para que a base inicial do contrato seja mantida (art. 130 da Lei nº 14.133/2021).

5.1.1.1 Limites percentuais às alterações unilaterais

Como mencionado, as alterações unilaterais, tanto qualitativas quanto quantitativas, estão sujeitas a limites legais para que ocorram. Esses limites estão previstos no art. 125 da Lei nº 14.133/2021 e visam evitar excessos que possam desfigurar o propósito do procedimento licitatório ou gerar uma obrigação excessiva ao contratado.

Nesse contexto, o contratado será obrigado a aceitar, nas mesmas condições contratuais, acréscimos ou supressões de até 25% (vinte e cinco por cento) do valor inicial atualizado dos contratos. Esse percentual será aplicável para contratos de obras, serviços ou compras. Já no caso específico de reforma de edifício ou de equipamento, o limite, apenas para acréscimos, será de 50% (cinquenta por cento).

Segundo a jurisprudência do Tribunal de Contas da União, os limites aos acréscimos e supressões devem ser considerados de forma isolada, calculados individualmente sobre o valor original do contrato.[105] Dessa forma, não deve haver compensação entre supressões e acréscimos.

5.1.1.1.1 Exceção aos limites percentuais às alterações unilaterais

Apesar dos limites expressos em lei para as alterações unilaterais, o Tribunal de Contas da União proferiu, ainda na vigência da Lei nº 8.666/1993, uma decisão que fixou requisitos para que, exclusivamente em relação às alterações consensuais, qualitativas e excepcionalíssimas de contratos de obras e serviços, a Administração Pública possa superar os limites percentuais.[106]

Para que os limites sejam superados, é necessário que sejam observados os princípios da finalidade, da razoabilidade e da proporcionalidade, além dos direitos patrimoniais do contratante privado. Além disso, devem scr satisfeitos cumulativamente os seguintes pressupostos: *i*) não acarretar para a Administração encargos contratuais superiores aos oriundos de uma eventual rescisão contratual por razões de interesse público, acrescidos aos custos da elaboração de um novo procedimento licitatório; *ii*) não possibilitar a inexecução contratual, à vista do nível de capacidade técnica e econômico-financeira do contratado; *iii*) decorrer de fatos supervenientes que impliquem em dificuldades não previstas ou imprevisíveis por ocasião da contratação inicial; *iv*) não ocasionar a transfiguração do objeto originalmente contratado em outro de natureza e propósito diversos; *v*) ser necessárias à completa execução do objeto original do contrato, à otimização do cronograma de execução e à antecipação dos benefícios sociais e econômicos decorrentes; e *vi*) demonstrar-se – na motivação do ato que autorizar o aditamento contratual – que as consequências da outra alternativa (a rescisão contratual, seguida de nova licitação e

---

[105] TCU. Acórdão nº 1498/2015 – Plenário. Relator: Benjamin Zymler, j. 17.06.2015, p. 14.07.2015.

[106] TCU. Acórdão nº 215/1999 – Plenário. Relator: Adhemar Paladini Ghisi, j. 17.11.1999, p. 06.12.1999.

contratação) importam sacrifício insuportável ao interesse público primário (interesse coletivo) a ser atendido pela obra ou serviço, ou seja gravíssimas a esse interesse, inclusive quanto à sua urgência e emergência.

Por ser uma exceção não prevista em lei, a decisão do Tribunal de Contas da União deve ser utilizada com cautela e apenas em casos realmente excepcionais, devendo o processo ser instruído com a comprovação clara de todos os requisitos necessários para a aplicação do entendimento.

5.1.2 Alterações bilaterais

As alterações bilaterais ocorrem quando as duas partes precisam concordar acerca do objeto da alteração. Diferentemente do que ocorre nas alterações unilaterais, as alterações bilaterais não ocorrem sem que as duas partes queiram realizar as modificações no ajuste.

Não há discricionariedade no que tange às situações que admitem a alteração bilateral. Por ser a manutenção do ajuste a regra, e sua alteração, a exceção, ainda que haja concordância das partes, a Administração somente pode proceder à alteração nos casos e nos limites estabelecidos pela lei. Dessa forma, devem ser verificadas e devidamente justificadas as circunstâncias previstas no art. 124, II, da Lei nº 14.133/2021 para que a alteração bilateral seja possível.

A primeira hipótese é a de ser conveniente a substituição da garantia da execução. Nesse caso, havendo pedido de uma das partes e aceitação pela outra, a garantia já prestada pode ser substituída por alguma outra admitida pela lei.

Outra situação de alteração bilateral decorre da necessidade de modificação do regime de execução da obra ou do serviço (de acordo com os regimes previstos no art. 46 da Lei nº 14.133/2021), bem como do modo de fornecimento. Para tanto, será necessário que haja uma verificação técnica da inaplicabilidade dos termos contratuais originários. Assim, alguma situação não prevista inicialmente deve existir para justificar essa alteração, além da concordância de ambas as partes.

A terceira situação que admite alteração bilateral é aquela em que é verificada a necessidade da modificação da forma de pagamento.

De acordo com o art. 124, II, "c", da Lei nº 14.133/2021, essa alteração depende da verificação de circunstâncias supervenientes ao contrato, as quais deverão ser devidamente justificadas. Ademais, deverá ser mantido o valor inicial atualizado do contrato, sendo vedada a antecipação do pagamento em relação ao cronograma fixado sem que haja a correspondente contraprestação por parte do contratado.

Por fim, a alteração bilateral também será cabível para restabelecer o equilíbrio econômico-financeiro inicial do contrato. Isso ocorrerá diante da ocorrência de caso de força maior, caso fortuito ou fato do príncipe ou em decorrência de fatos imprevisíveis ou previsíveis de consequências incalculáveis, que inviabilizem a execução do contrato tal como pactuado. Será necessária, ainda, a observância da repartição objetiva de riscos que tenha sido estabelecida no contrato.

5.2 Aditivos contratuais

Os aditivos contratuais são documentos escritos e formais, semelhantes ao contrato, contendo a qualificação das partes e cláusulas. As cláusulas de um aditivo irão prever alterações nas cláusulas contratuais originárias e outras regras que sejam necessárias para a implementação das alterações. Trata-se de uma nova manifestação de vontade, que deve ser assinada pelas partes da relação contratual, ainda que a alteração seja unilateral (nesse caso, para que seja comprovada a ciência do contratado acerca das alterações).

A utilização de aditivos para as alterações contratuais é a regra. Toda modificação que atinja as regras do ajuste inicialmente firmado deve ser feita por meio de aditamento. Não sendo o caso de alteração contratual, a apostila poderá ser utilizada para fazer registros necessários.

Adota-se, no caso, o princípio do paralelismo das formas, de modo que a mesma forma do contrato será utilizada para alterá-lo, configurando a nova manifestação de vontades. Assim, a formalização do aditivo deverá adotar a forma escrita ou eletrônica e ele ser divulgado e mantido à disposição em sítio eletrônico oficial, nos termos do art. 91 da Lei nº 14.133/2021. Ademais, a divulgação no Portal Nacional de Contratações Públicas também será obrigatória como condição de eficácia (art. 94, da Lei nº 14.133/2021). Devem ser ressalvados da publicidade apenas os aditivos relativos a contratos sigilosos.

Antes de ser assinado o aditivo, deve haver análise jurídica para controle prévio de legalidade, nos termos do art. 53, §4º, da Lei nº 14.133/2021, para que sejam conferidos todos os requisitos legais.

5.2.1 Antecipação dos efeitos do aditivo

Considerando que os aditivos alteram o contrato, representando uma nova manifestação de vontades, naturalmente seus efeitos somente são produzidos após a formalização das alterações do ajuste. A mesma lógica aplicável aos contratos em si, que impede a execução sem cobertura por um contrato formalizado, é aplicável aos aditivos.

Entretanto, o art. 132 da Lei nº 14.133/2021 admite uma exceção à regra, de modo que o aditivo produza efeitos antes da formalização. Dessa forma, caso haja devida justificativa da necessidade de antecipação dos efeitos do aditivo, a execução contratual poderá ocorrer antes da formalização. Entretanto, é imperioso que o aditivo seja formalizado no prazo máximo de um mês nesse caso, regularizando-se a situação.

5.3 Apostilas

A apostila, diferentemente do aditivo, não resulta em uma alteração do contrato. Ela é uma forma simples de registrar eventos que não afetem o cerne do ajuste inicialmente firmado, de modo que dispensam a manifestação de vontade. Dada a ausência de complexidade, também não é necessária a análise da apostila por parte do órgão de assessoramento jurídico.

Não há um rol taxativo de hipóteses nas quais a apostila poderá ser utilizada, devendo cada caso ser analisado, verificando-se a existência ou não de alteração do contrato. No entanto, o art. 136 da Lei nº 14.133/2021 apresenta alguns exemplos de situações em que a apostila será cabível: *i*) variação do valor contratual para fazer face ao reajuste ou à repactuação de preços previstos no próprio contrato; *ii*) atualizações, compensações ou penalizações financeiras decorrentes das condições de pagamento previstas no contrato; *iii*) alterações na razão ou na denominação social do contratado; e *iv*) empenho de dotações orçamentárias.

5.4 Alterações para a manutenção do equilíbrio contratual

Todos os contratos dependem da manutenção de um equilíbrio entre as contraprestações assumidas pelas partes para que funcionem adequadamente. A execução contratual depende desse equilíbrio e o desequilíbrio pode afastar a atratividade ou mesmo a possibilidade da continuidade do ajuste. Diante disso, existem certos mecanismos para manutenção do denominado equilíbrio econômico-financeiro dos contratos administrativos, que envolvem a revisão contratual.

Os três mecanismos que a Lei nº 14.133/2021 prevê para a manutenção do equilíbrio contratual são: *i*) reajustamento em sentido estrito; *ii*) repactuação; e *iii*) reequilíbrio econômico-financeiro. A diferença entre eles, como será visto, reside principalmente nas causas de desequilíbrio. Dessa forma, dependendo do elemento causador do desequilíbrio contratual, será adotado um dos três mecanismos para a manutenção ou a recomposição do equilíbrio.

Antes do estudo dos mecanismos, contudo, é salutar a exata compreensão do equilíbrio econômico-financeiro dos contratos administrativos e das causas que podem afetá-lo, gerando desequilíbrio.

5.4.1 Significado do equilíbrio contratual

Nos contratos administrativos, o equilíbrio contratual tem matriz constitucional expressa. Nesse sentido, o art. 37, XXI, da Constituição Federal, prevê que, em contratos decorrentes de procedimentos licitatórios, deve haver a previsão de cláusulas que estabeleçam as obrigações de pagamento com a manutenção das condições efetivas da proposta.

O fundamento desse direito reside na chamada "cláusula *rebus sic stantibus*". É certo que os contratos são regidos pelo princípio da força obrigatória das pactuações (*pacta sunt servanda*). É dizer: uma vez firmado o contrato, as obrigações assumidas, decorrentes da própria autonomia da vontade de cada contratante, assumem um caráter vinculante e devem ser cumpridas. Essa regra garante a segurança jurídica das relações.

No entanto, a observância irrestrita da regra *pacta sunt servanda* levaria a situações injustas. Foi nesse contexto de busca por soluções materialmente justas no âmbito contratual que ganhou espaço a aplicação de outra norma: a cláusula *rebus sic stantibus*. Trata-se da compreensão de que a força vinculante do contrato tem aplicabilidade somente enquanto mantidas as bases estruturais firmadas no início da avença, quando o contrato for de trato continuado. Dessa forma, busca-se uma igualdade em seu sentido material e não meramente formal, com a compreensão do direito de maneira dinâmica, sujeita às variações fáticas que podem surgir com o decurso do tempo.

É correto dizer que o equilíbrio nos contratos administrativos é dinâmico,[107] por estar sujeito a alterações decorrentes das prerrogativas da Administração Pública. Nesse caso, situações supervenientes podem afetar de maneira excessiva o quadro de equilíbrio inicialmente estabelecido pelas partes, algo que pode violar a cláusula *rebus sic stantibus*. Por meio dessa, o equilíbrio contratual, em seu aspecto dinâmico, depende, necessariamente, de uma manutenção das circunstâncias existentes no momento da formulação do pacto durante toda a sua duração.

As alterações supervenientes decorrem da necessidade de a Administração Pública atender aos ensejos da sociedade e, mais especificamente, ao interesse público. Esses ensejos e interesses são mutáveis, carecendo de concretização na prática, por estarem previstos em conceitos jurídicos indeterminados. Dessa forma, o equilíbrio dos contratos administrativos pode ser mais facilmente rompido e está sujeito à interferência da supremacia do interesse público sobre o privado.

Em termos simples, o equilíbrio contratual existe quando as prestações assumidas partes de um contrato são equivalentes e estão de acordo com o que foi estipulado no momento do ajuste.[108] É um

---

[107] DI PIETRO, Maria Sylvia Zanella. *Direito administrativo*. 26. ed. São Paulo: Atlas, 2013. p. 286.

[108] Os contratos são regidos pelo princípio da força obrigatória das pactuações (*pacta sunt servanda*). É dizer: uma vez firmado o contrato, as obrigações assumidas, decorrentes da própria autonomia da vontade de cada contratante, assumem um caráter vinculante e devem ser cumpridas. Essa regra garante a segurança jurídica das relações. No entanto,

parâmetro utilizado para a aferição da legitimidade do contrato e representa uma noção de fácil acepção, quando analisada em abstrato, mas o conteúdo em si do equilíbrio contratual é mais complexo e demanda uma análise pormenorizada.

É interessante notar, ainda, que o momento de aferição do equilíbrio nos contratos administrativos é específico, em razão do procedimento necessário para a realização da avença. Enquanto nos contratos em geral o equilíbrio é estabelecido quando firmado o ajuste, nos contratos administrativos tal equilíbrio é fixado no momento de apresentação da proposta no âmbito do procedimento licitatório. Portanto, o estabelecimento da equação ocorre em momento prévio.

5.4.1.1 Conteúdo do equilíbrio econômico-financeiro

O equilíbrio aqui tratado não é entre as partes, mas entre as prestações assumidas. Assim, devem ser excluídas do conteúdo do equilíbrio contratual as questões relativas à posição subjetiva de cada uma das partes. Tal disparidade, que denota vulnerabilidade de um dos contratantes, deve ser combatida por instrumentos legais apropriados.[109]

Além disso, o equilíbrio não é formal, mas, sim, material, não demandando uma equivalência numérica. O que o equilíbrio contratual demanda é que as expressões econômicas das contraprestações sejam equivalentes. Logo, o equilíbrio contratual (ou econômico) tem como conteúdo a paridade entre as expressões (ou consequências) econômicas das contraprestações assumidas pelas partes, de modo que tal equilíbrio é dirigido ao objeto do contrato. Evita-se, com isso, sacrifícios desproporcionais de uma das partes para o cumprimento das obrigações contratuais.

---

constatou-se que a observância irrestrita da regra *pacta sunt servanda* levaria a situações injustas. Foi nesse contexto de busca por soluções materialmente justas no âmbito contratual que ganhou espaço a aplicação de outra norma: a cláusula *rebus sic stantibus*. Trata-se da compreensão de que a força vinculante do contrato tem aplicabilidade somente enquanto mantidas as bases estruturais firmadas no início da avença, quando o contrato for de trato continuado. Dessa forma, busca-se uma igualdade em seu sentido material e não meramente formal, com a compreensão do direito de maneira dinâmica, sujeita às variações fáticas que podem surgir com o decurso do tempo.

[109] É o que ocorre no âmbito consumerista, em que o Código de Defesa do Consumidor estabelece normas específicas para proteger a parte vulnerável da relação.

Cabe observar que, por meio da terminologia utilizada, percebe-se que o equilíbrio dos contratos administrativos abrange dois elementos: o econômico e o financeiro. Este diz respeito ao fluxo de recursos necessário à manutenção adequada das prestações, ou seja, corresponde ao equilíbrio entre receitas e despesas. Já o equilíbrio econômico existe quando os custos do empreendimento não superam os benefícios pretendidos pelas partes contratantes, correspondendo à equivalência já explicada entre as expressões econômicas das contraprestações.

Dessa maneira, pode-se dizer que o elemento econômico do equilíbrio não depende de um saldo sempre positivo, uma vez que está associado aos riscos inerentes aos empreendimentos para a obtenção de lucros.[110] O equilíbrio financeiro também não depende necessariamente da existência de um saldo positivo, mas é logicamente imperioso que as despesas não superem as receitas, de modo que os recursos necessários para a execução contratual estejam disponíveis.

Por conseguinte, o conteúdo do equilíbrio contratual diz respeito à equidade entre as expressões econômicas das contraprestações das partes. Já sua caracterização em cada caso dependerá de uma análise das circunstâncias que permita a verificação da existência ou não do equilíbrio em si. Diante da situação em que as expressões econômicas das contraprestações das partes perdem equivalência, dois resultados podem ser verificados: a resolução do contrato por onerosidade excessiva ou a alteração contratual.

5.4.2 Causas que afetam o equilíbrio contratual: áleas contratuais

A execução contratual está sujeita à interferência de riscos externos às vontades dos contratantes ou diversos dos esperados dentro da normalidade da execução contratual. Esses riscos, caso verificados, podem ter como resultado o desequilíbrio das contraprestações.

---

[110] Além disso, como os contratos envolvem operações econômicas, há casos em que os riscos são naturalmente assumidos como parte da avença diante da perspectiva de lucro, o qual pode não existir e, nem por isso, o contrato ficaria invalidado (ROPPO, Enzo. *O Contrato*. Tradução: Ana Coimbra e M. Januário C. Gomes. Coimbra: Almedina, 2009. Título original: Il Contratto. p. 259). O equilíbrio contratual, então, não impede as perdas ou os lucros, ainda que elevados.

É lógico que, salvo situações específicas em que há vícios na vontade formadora do ajuste, as partes desejam a manutenção das condições iniciais contratadas, tornando-as, na medida do possível, imunes à influência de fatores externos. É presumível que as partes expressam suas vontades no momento em que é firmado o contrato de acordo com as informações disponíveis a elas, que as levam a considerar a avença como o caminho mais adequado para a persecução de seus interesses. No entanto, os contratos e as relações jurídicas deles decorrentes não formam um sistema hermeticamente fechado para as interferências externas.

Nos contratos resolvidos de maneira instantânea, como aqueles que envolvem tradição e pronto pagamento, é mais improvável a verificação da interferência de contingências. No entanto, quando há execução diferida ou prolongada no tempo, os riscos surgem e as chances de incidência aumentam na mesma medida em que aumenta a duração do ajuste.

Os riscos são eventos capazes de afetar a execução contratual, futuros e incertos, mas que podem ser previstos ou presumíveis. Por meio da matriz de riscos, é possível alocar esses riscos entre as partes contratantes, o que impede a configuração do desequilíbrio contratual. É por isso que o art. 103, §5º, da Lei nº 14.133/2021, prevê que, sempre que atendidas as condições do contrato e da matriz de alocação de riscos, será considerado mantido o equilíbrio, renunciado as partes aos pedidos de restabelecimento em relação aos riscos assumidos, exceto em relação às alterações unilaterais e ao aumento ou à redução de tributos pagos pelo contratado.

A configuração de um risco capaz de afetar o contrato gera uma álea contratual.[111] Nesse contexto, existem três espécies de áleas

---

[111] Existe uma crítica moderna à teoria das áleas, defendendo-se a necessidade de sua superação, pela incapacidade de refletir o equilíbrio econômico-financeiro nos contratos de longo prazo (GUIMARÃES, Fernando Vernalha. O equilíbrio econômico-financeiro nas concessões e PPS: formação e metodologias para recomposição. *In*: MOREIRA, Egon Bockmann (Coord.). *Tratado do equilíbrio econômico-financeiro*: contratos administrativos, concessões, parcerias público-privadas, Taxa Interna de Retorno, prorrogação antecipada e relicitação. Belo Horizonte: Fórum, 2019. p. 101). Dessa forma, busca-se focar na questão da alocação de riscos contratuais, com a sua distribuição entre os contratantes, admitindo-se a incompletude contratual em um contexto de abertura às renegociações. Ainda assim, parece-nos que o estudo das áleas enquanto riscos concretizados que afetam o contrato é útil, já que a subdivisão e a classificação delas permitirá uma análise no caso concreto que melhor avalie as causas e as responsabilidades pelos desequilíbrios gerados.

contratuais: *i*) Álea ordinária/empresarial; *ii*) Álea administrativa; e *iii*) Álea econômica.

A álea ordinária é a esperada e previsível para a execução contratual, sendo um risco comum para o mercado em que o objeto do contrato está inserido. Já as outras duas áleas apresentadas (administrativa e econômica) são consideradas extraordinárias, em razão da sua relativa imprevisibilidade. As áleas administrativas abrangem: o poder de alteração unilateral do contrato, o fato do príncipe e o fato da Administração. Já a álea econômica corresponde a circunstâncias imprevisíveis e externas ao contrato e à vontade dos contratantes.

5.4.2.1 Álea ordinária

A álea ordinária ou empresarial está presente em qualquer tipo de negócio. É um risco que todo empresário corre, como resultado da flutuação do mercado. Não há surpresa para as partes na verificação dessa álea, por ser ela previsível. Cada mercado no qual o objeto contratual está inserido pode contar com suas próprias áleas ordinárias. A mais comum, contudo, é a variação de preços por conta da inflação.

O desequilíbrio que pode ser gerado pela álea ordinária é evitado por meio da previsão de índice de reajuste no próprio contrato e no edital. Dessa forma, a cada período determinado, os preços são atualizados para fazer frente à flutuação do mercado, evitando que a contraprestação venha a ser excessivamente onerosa pela perda do poder aquisitivo da moeda.

5.4.2.2 Áleas administrativas

As áleas administrativas decorrem de condutas da própria Administração Pública, seja da própria contratante ou de outro ente federativo externo à relação contratual. São áleas consideradas extraordinárias no sentido de que não decorrem naturalmente da execução do contrato.

Existem três modalidades de álea administrativa: *i*) Alteração unilateral do contrato; *ii*) Fato da Administração; e *iii*) Fato do príncipe.

5.4.2.2.1 Alteração unilateral e fato da Administração

A alteração unilateral e o fato da administração são áleas de mais fácil compreensão e aferição. Em primeiro lugar, a alteração unilateral é uma prerrogativa contratual da Administração Pública e, assim sendo, em regra, o próprio ente contratante deve responder pela necessidade de reequilíbrio econômico-financeiro decorrente dessa álea, conforme prevê o art. 104, §2º, da Lei nº 14.133/2021.

Por sua vez, fato da Administração corresponde a um ato da Administração Pública, na condição de contratante, que reflete diretamente sobre o contrato. Trata-se, assim, de qualquer conduta estatal que dificulte ou impeça a execução contratual, provocando desequilíbrio econômico-financeiro. É fato da Administração toda ação ou omissão do Poder Público contratante que incide direta e especificamente sobre o contrato e sobre sua execução. Não se trata de uma situação alheia à vontade das partes, mas de uma situação imputável ao Poder Público, que deve responder pelo reequilíbrio, quando não for o caso de rescisão contratual.

Somente existe fato da administração diante de uma atuação irregular do contratante, que descumpre obrigações contratuais e viola direitos do contratado.[112] Existe esse fato da Administração, por exemplo, quando não há a liberação oportuna do local das obras.

As situações que configuram fato da Administração podem dar ensejo ao direito do contratado à extinção do contrato nos casos previstos no art. 137, §2º, da Lei nº 14.133/2021. Entretanto, também será possível a adoção do mecanismo de reequilíbrio econômico-financeiro do contrato, especialmente quando, diante das situações previstas no dispositivo citado, o contratado optar pela suspensão das obrigações assumidas até a normalização da situação (art. 137, §3º, II, da Lei nº 14.133/2021. Nesses casos, o reequilíbrio decorrerá da álea administrativa correspondente a um fato da Administração.

---

[112] MELLO, Celso Antônio Bandeira de. *Curso de Direito Administrativo*. 30. ed. São Paulo: Malheiros, 2013. p. 661.

5.4.2.2.2 Fato do príncipe

O fato do príncipe é a álea administrativa verificada quando o contrato é onerado por uma atuação estatal específica, mas que não tem vinculação direta com o contrato. Em outras palavras, é o ato de autoridade que, não atuando diretamente sobre o contrato, afeta-o de maneira indireta, podendo gerar desequilíbrio pelo aumento dos encargos de alguma das partes.

A teoria do fato do príncipe não tem aplicação quando o ato que atinge o contrato decorre de ente estatal diverso daquele que firmou o contrato,[113] seguindo-se à risca a posição da doutrina francesa originária da teoria.[114] Essa posição é reforçada se for percebido que o fato do príncipe está previsto no art. 124, II, "d", da Lei nº 14.133/2021 justamente por ser, assim como as áleas econômicas ali previstas, um fato ensejador da aplicação da teoria da imprevisão.[115] Caso, por outro lado, fosse adotado o entendimento de que o fato do príncipe pode decorrer de atuação da própria Administração contratante, a teoria da imprevisão ficaria prejudicada, já que uma das partes teria (ou ao menos poderia ter) conhecimento do fator ensejador do desequilíbrio.

A diferença tem efeitos práticos. Tratando-se de fato da Administração contratante, por haver o conhecimento ou a possibilidade de conhecimento do evento, é plausível reconhecer ao contratado o direito à indenização integral pelo desequilíbrio. Por outro lado, sendo o fato do príncipe decorrente de conduta de ente federativo diverso, a Administração contratante, assim como o contratado, não terá possibilidade real de prever o evento, o que admite, a depender do caso concreto, uma distribuição da onerosidade entre as partes, de acordo com a repartição objetiva de

---

[113] No mesmo sentido: DI PIETRO, Maria Sylvia Zanella. *Direito administrativo.* 26. ed. São Paulo: Atlas, 2013. p. 289.

[114] No entanto, há autores brasileiros que adotam uma posição mais abrangente da teoria, permitindo a configuração do fato do príncipe em razão de qualquer atuação estatal, ainda que decorrente de ente diverso daquele que figura como parte no contrato. É o caso de Marçal Justen Filho e Celso Antônio Bandeira de Mello.

[115] Nesse ponto, Tanaka também elenca o fato do príncipe como situação que envolve a aplicação da teoria da imprevisão, e o faz corretamente, por considerá-lo aplicável em face de ato decorrente de qualquer ente estatal (TANAKA, Sônia Yuriko Kanashiro. *Concepção dos contratos administrativos.* São Paulo: Malheiros Editores, 2007).

riscos estabelecida pelo contrato, como prevê expressamente o art. 124, II, "d", da Lei nº 14.133/2021.

O exemplo mais comum dessa situação é o aumento da carga tributária incidente sobre o objeto contratual. Inclusive, o art. 134 da Lei nº 14.133/2021 prevê expressamente a possibilidade de alteração dos preços contratados, para mais ou para menos, conforme o caso, diante da criação, alteração ou extinção de tributos ou encargos legais, ou diante da superveniência de disposições legais que afetem os preços. Dessa forma, o contrato deverá ser reequilíbrio pela revisão dos preços, o que pode ocorrer em favor do contratado ou em favor da Administração.

5.4.2.3 Áleas econômicas

Considera-se álea econômica, na classificação aqui adotada, o acontecimento estranho à vontade das partes, de natureza extracontratual, sendo imprevisível e inevitável. A ocorrência dessa álea gera um grave desequilíbrio na relação contratual e, portanto, nas contraprestações assumidas pelas partes. O que importa, no caso, é que o evento seja imprevisível ou, caso o evento em si seja previsível, que suas consequências não o sejam.

As áleas econômicas demandam um reequilíbrio contratual por acordo entre as partes e estão previstas no art. 124, II, "d", da Lei nº 14.133/2021. Assim, estão previstas como áleas econômicas os casos de força maior, o caso fortuito e os demais fatos imprevisíveis ou previsíveis de consequências incalculáveis. Apesar de a norma também prever o fato do príncipe, ele deve ser considerado uma álea administrativa, como visto.

Devem ser incluídas também no conceito de álea econômica as denominadas sujeições imprevistas,[116] que correspondem a fatos anteriores à contratação, desconhecidos pelas partes, que surgem em momento posterior, durante a execução.

A teoria da imprevisão é utilizada para fundamentar a revisão relativa aos desequilíbrios decorrentes da verificação da

---

[116] JUSTEN FILHO, Marçal. Curso de direito administrativo. 10. ed. rev., atual. e ampl. São Paulo: Editora Revista dos Tribunais, 2014, p. 522.

álea econômica. Nesse contexto, é certo que todos os fenômenos sociais são regidos por relações de causa e efeito. Em termos simples, nada surge do nada. Dessa forma, em retrospectiva, toda situação imprevisível seria previsível, caso as partes tivessem conhecimento de todas as circunstâncias.

O problema é que, quando o contrato é firmado, as partes têm um conhecimento limitado, seja por conta dos custos relativos à investigação das circunstâncias, seja por impossibilidade relativa a questões subjetivas (e.g. o desconhecimento da natureza do objeto contratual e dos riscos a ele vinculados). Essa limitação faz com que os contratos sejam deficientes do ponto de vista informacional. Quando essa deficiência está aliada a contratos de execução prolongada, nos quais, quanto maior o prazo de execução, maior será a possibilidade de incidência das áleas, tem-se contratos mais sujeitos à aplicação da teoria da imprevisão[117] para o reequilíbrio.

A teoria da imprevisão configura um desdobramento da cláusula *rebus sic stantibus* que surgiu com o advento da primeira Guerra Mundial.[118] Dessa forma, a teoria tem relação à necessidade de manutenção dos pressupostos estabelecidos na base do contrato para que vigore a regra *pacta sunt servanda*.

Dessa forma, diante da verificação de álea econômica, com evento imprevisível ou previsível de consequências incalculáveis, a teoria da imprevisão pode ser adotada para a manutenção do contrato. Isso ocorrerá por meio do reequilíbrio econômico-financeiro, que torne justas e equivalentes as contraprestações assumidas pelas partes, sem tornar o ajuste excessivo oneroso para uma delas.

Cabe ressaltar que o caso fortuito e o de força maior não têm necessária vinculação com a aplicação da teoria da imprevisão e

---

[117] Cabe ressaltar que, para Nery Júnior e Santos, a teoria da imprevisão é atrelada ao viés subjetivo do contrato, situação que é criticada pelos autores. Isso porque o que a teoria abrange é a incapacidade subjetiva de as partes preverem situações supervenientes, ou seja, o aspecto psicológico (NERY JUNIOR, Nelson; SANTOS, Thiago Rodovalho dos. Renegociação contratual. *Revista dos Tribunais*, v. 906, n. 2011, p. 113-156, 2011. Disponível em: https://www.enfam.jus.br/wp-content/uploads/2020/05/Artigo-Renegociac%CC%A7a%CC%83o-contratual-1.4.pdf. Acesso em: 17 mar. 2022). Dessa forma, há quem prefira a aplicação da teoria da base objetiva do negócio, de origem alemã. Para a doutrina administrativista, contudo, tem sido aplicada sempre a teoria da imprevisão para fundamentar o reequilíbrio em caso de invocação de uma álea econômica.

[118] MELLO, Celso Antônio Bandeira de. *Curso de Direito Administrativo*. 30. ed. São Paulo: Malheiros, 2013. p. 665.

o reequilíbrio contratual. O caso de força maior é um evento da natureza imprevisível e inevitável. Já o caso fortuito é considerado um evento humano, também imprevisível e inevitável. Apesar de o art. 124, II, "d", da Lei nº 14.133/2021 abordar ambos como causas de alteração bilateral do contrato, nem sempre essa será a solução adequada. É necessário verificar se eles serão impeditivos ou não do cumprimento do contrato. Quando impeditivos da execução do contrato, o caso fortuito ou de força maior, desde que regularmente comprovado, será causa para a extinção do ajuste, nos termos do art. 137, V, da Lei nº 14.133/2021.

5.4.3 Mecanismos para manutenção ou recomposição do equilíbrio econômico-financeiro

Como já afirmado, são três os mecanismos previstos na Lei nº 14.133/2021 que podem ser utilizados para a manutenção ou a recomposição do equilíbrio contratual: *i*) reajustamento em sentido estrito; *ii*) repactuação; e *iii*) reequilíbrio econômico-financeiro.

O reajustamento e a repactuação são aplicáveis diante da álea ordinária, já esperada no contrato, e ambos são formalizados por meio de simples apostila. A principal diferença entre eles reside na espécie de contrato ao qual são aplicáveis, sendo a repactuação utilizada apenas para contratos.

Vale observar que o art. 6º, LVIII, da Lei nº 14.133/2021, fala em "reajustamento em sentido estrito". A nomenclatura serve para diferenciar o reajuste em si da repactuação, que também é forma de manutenção do equilíbrio econômico-financeiro, mas aplicável especificamente a serviços contínuos com regime de dedicação exclusiva de mão de obra ou predominância de mão de obra (art. 25, §8º, II, da Lei nº 14.133/2021). Logo, não é incorreto também usar o termo "reajuste" para o reajustamento em sentido estrito, desde que não se confunda com a repactuação.

Já o reequilíbrio econômico-financeiro é utilizado para fazer frente à verificação das áleas administrativas e da álea econômica, devendo ser formalizado por meio de um aditivo. Nesse contexto, a aplicação do reequilíbrio não é ordinária, devendo decorrer de eventos que não compõem a normalidade do ínterim da execução contratual.

5.4.3.1 Reajuste

O reajuste ou reajustamento em sentido estrito é um dos mecanismos de manutenção do equilíbrio econômico-financeiro do contrato, sendo aplicável para manter o equilíbrio diante da variação ordinária dos preços dos insumos abrangidos pelo objeto contratual. Assim, a utilização do reajuste decorre da verificação de álea ordinária,[119] já esperada.

A inflação, tão comum no Brasil, é um risco ordinário assumido pelo contratado, mas que apenas permite a atualização do contrato após o decurso de determinado prazo para a manutenção do equilíbrio. Logo, a utilização do reajuste serve para recompor a perda do poder aquisitivo da moeda e restabelecer o lucro esperado pelo contratado diante dos custos dos insumos.

Assim, o próprio edital e o contrato já estabelecem quais critérios serão adotados para reequilibrar o contrato diante da já esperada elevação dos custos dos insumos vinculados ao seu objeto. Nesse sentido, qualquer que seja a duração do contrato, será obrigatória a previsão do índice de reajustamento de preços no edital e em cláusula contratual (arts. 25, §7º, e 92, §3º, da Lei nº 14.133/2021).

Além do índice utilizado para o reajuste, será necessário prever sua periodicidade, que deverá obedecer ao interregno mínimo de um ano (art. 25, §8º, da Lei nº 14.133/2021 e art. 2º, §1º, da Lei nº 10.192/2001). Esse prazo será necessariamente contado da data do orçamento estimado da licitação, que será a data-base do reajustamento.

Estabelecidos os critérios de reajuste, ele será devido automaticamente cada vez que for completado o período necessário, independentemente de requerimento do contratado,[120] diferentemente do que ocorre com a repactuação. Logo, o reajustamento pode ser concedido de ofício pela Administração Pública, o que não impede, por outro lado, que o contrato contenha cláusula expressa no

---

[119] STJ. REsp nº 744.446/DF, relator Ministro Humberto Martins, Segunda Turma, julgado em 17.04.2008, DJe de 05.05.2008.

[120] TCU. Acórdão nº 1105/2008 – Plenário. Relator: Benjamin Zymler, j. 11.06.2008, p. 13.06.2008.

sentido de que o contratado deverá apresentar requerimento para o reajuste. Uma vez realizado, o reajuste será registrado no contrato por simples apostila, não sendo necessária a celebração de termo aditivo (art. 136, I, da Lei nº 14.133/2021).

5.4.3.1.1 Ausência de previsão expressa da cláusula de reajustamento

Em que pese a obrigatoriedade de previsão do critério de reajuste para todo e qualquer edital e contrato, ainda pode ser que ocorra a situação em que haja omissão dessa previsão. Nesses casos, o ideal é que o contrato seja alterado para prever o índice e os critérios, mas o direito do contratado ao reajuste não deverá ser obstado.

Isso porque o resultado do impedimento ao reajuste será, necessariamente, o desequilíbrio do contrato, o que é vedado. Inclusive, o Tribunal de Contas da União já decidiu que a ausência de cláusula de reajuste, apesar de impedir o reajuste em si, não impede a adoção do mecanismo do reequilíbrio econômico-financeiro do contrato.[121] Com isso, restará respeitada a garantia do equilíbrio prevista no art. 37, XXI, da Constituição Federal e não haverá enriquecimento ilícito da Administração Pública ou violação da boa-fé objetiva.

Logo, se o equilíbrio contratual pode ser restabelecido sem que haja situação imprevista, não há motivos para vedar a adoção do reajuste. O equilíbrio contratual deverá ser mantido de qualquer forma. Apesar disso, é importante que o contrato seja aditado para que haja a expressa previsão do índice a ser adotado, mediante justificativa adequada, para que não haja conflito posterior.

5.4.3.1.2 Escolha do índice de reajustamento

Para que o reajuste ocorra, é aplicado o índice de correção monetária previsto no contrato, que poderá ser específico ou setorial. Todo reajuste contratual, para ser realmente justo, deve refletir a

---

[121] TCU. Acórdão nº 7184/2018 – Segunda Câmara. Relator: Augusto Nardes, j. 07.082018, p. 15.08.2018.

efetiva variação dos custos, no entanto, existem diversos índices que podem ser aplicados para a medição da inflação. Alguns podem ser mais vantajosos para a Administração e outros para o contratado, o que torna importante uma análise pormenorizada dos resultados práticos de cada opção.

A lei não estabelece qual índice deve ser utilizado, mas é imperioso que a escolha permita retratar a efetiva variação dos custos. Esse é o principal ponto que deve nortear a escolha. A adoção de índices específicos ou setoriais não constitui uma exceção, mas um reforço da necessidade de que a variação dos custos seja realmente abarcada pelo reajuste.

Também não há propriamente uma completa liberdade na definição do índice. O principal limite à discricionariedade nessa escolha é a capacidade de o índice refletir a real elevação dos custos daqueles insumos vinculados ao objeto contratual.

Diversos e variados índices existem. No âmbito dos índices gerais, o Índice Nacional de Preços ao Consumidor Amplo (IPCA) é elaborado pelo IBGE e estabelecido por meio de pesquisas de preços pagos no varejo pelo consumidor final, refletindo o custo de vida médio das famílias com renda mensal entre 1 e 40 salários-mínimos. Ao lado dele, existe o Índice Geral de Preços do Mercado (IGP-M), elaborado pela FGV, que também acompanha a variação de preços praticados no mercado.

Já no caso da construção civil, o Índice Nacional de Construção Civil (INCC), que coleta os preços de materiais, equipamentos, mão de obra e ferramentas do setor, é o índice que tem maior capacidade de refletir a efetiva variação do custo de produção. Para obras rodoviárias, existe um índice específico levantado e publicado pelo DNIT em parceria com a FGV no âmbito do SICRO, levando em conta as especificidades dessas obras e de seus insumos.

Existirá certa margem de discricionariedade na escolha do índice aplicável ao caso quando mais de um puder ser utilizado. A título de exemplo, para contratos de locação de imóveis, tanto o IPCA quanto o IGP-M podem ser utilizados, uma vez que não há índice específico no caso. Existe discricionariedade na opção, desde que se busque o índice que reflita da melhor forma possível a variação. Porém, o mesmo não pode ser dito acerca da construção civil e das obras rodoviárias. Nesses casos, a existência de índices específicos ou setoriais, cuja metodologia permite uma melhor avaliação da variação dos preços, acaba por limitar a margem de discricionariedade administrativa.

É exatamente por esse motivo que o Tribunal de Contas da União já afirmou ser preferível, sempre que possível, a aplicação de índices setoriais específicos.[122] Por conta disso, não haverá margem de discricionariedade para o administrador estabelecer o critério de reajuste. O índice deve obrigatoriamente retratar a variação efetiva do custo de produção.[123]

Por conseguinte, a margem de discricionariedade na escolha do índice de reajuste de um contrato administrativo somente existe na medida em que o índice escolhido seja o mais capaz de refletir a efetiva variação dos custos dos insumos relacionados ao objeto contratual. Havendo índice setorial ou específico, ele deve ser aplicado para que o contrato seja atualizado corretamente.

Nessa busca pela variação efetiva dos custos, o art. 25, §7º, da Lei nº 14.133/2021 prevê até mesmo a possibilidade de utilização de mais de um índice específico ou setorial, em conformidade com a realidade de mercado. Assim, podem ser previstos, por exemplo, índices específicos para insumos diferentes do contrato.

5.4.3.2 Repactuação

A repactuação é uma forma de manutenção do equilíbrio contratual aplicável especificamente aos contratos de serviços contínuos em que haja regime de dedicação exclusiva de mão de obra ou predominância de maio de obra, sendo tratada pelo art. 135 da Lei nº 14.133/2021.

O contrato é objeto de repactuação diante da verificação de uma álea ordinária: a alteração dos custos decorrentes da mão de obra. A álea é ordinária porque essas mudanças são esperadas, assim como as alterações dos preços dos insumos. No entanto, nesse caso específico, as alterações não decorrem somente da flutuação do mercado, mas da celebração de acordo, convenção coletiva ou dissídio coletivo de trabalho.

---

[122] TCU, Acórdão nº 2474/2012 – Plenário, Min Rel. Marcos Bemquerer Costa, j. 11.09.2012.
[123] TCU, Acórdão nº 36/2008 – Plenário, Min. Rel. Raimundo Carneiro, j. 23.01.2008.

Somente as alterações previstas em negociações coletivas que versem sobre matéria trabalhista poderão gerar a repactuação. Assim, não vincularão a Administração as disposições que tratem de matéria não trabalhista, de participação dos trabalhadores nos lucros e resultados, ou que estabeleçam direitos não previstos em lei (art. 135, §1º, da Lei nº 14.133/2021). Além disso, as alterações devem ser gerais, sendo vedado que elas sejam tratadas exclusivamente para contratos com a Administração, nos termos do art. 135, §2º, da Lei nº 14.133/2021.

No caso de mais de uma categoria profissional estar envolvida no contrato, é provável que existam acordos distintos para cada uma delas. Nesse caso, de acordo com o art. 135, §5º, da Lei nº 14.133/2021, a repactuação dos custos de mão de obra poderá ser dividida em tantos quantos forem os acordos, convenções ou dissídios coletivos de trabalho das categoriais envolvidas na contratação, respeitada a periodicidade necessária para a alteração dos valores.

5.4.3.2.1 Solicitação da repactuação

Para que a repactuação ocorra, diferentemente do reajuste, é necessário que haja um requerimento do interessado, nos termos do art. 136, §6º, da Lei nº 14.133/2021. Esse requerimento será instruído com a demonstração analítica da variação dos custos, por meio de planilha de custos e formação de preços, ou do novo acordo, convenção ou sentença normativa que fundamenta a repactuação.

Cabe ressaltar que o prazo para a resposta à solicitação de repactuação deverá estar previsto em cláusula do contrato, de acordo com o art. 92, X, da Lei nº 14.133/2021. Uma vez aceita a repactuação, ela será registrada no contrato por simples apostila, não sendo necessária a celebração de termo aditivo (art. 136, I, da Lei nº 14.133/2021).

Por ser necessária a provocação do interessado, o Tribunal de Contas da União firmou o entendimento de que o direito à repactuação estará sujeito à preclusão lógica caso não seja exercida antes de eventual prorrogação do contrato.[124] Como a prorrogação demanda nova manifestação de vontade e concordância, o

---

[124] TCU. Acórdão nº 477/2010 – Plenário, Relator: Aroldo Cedraz, j. 17.03.2010, p. 19.03.2010.

contratado não poderá pleitear o período pretérito à prorrogação, no qual não tenha realizado a solicitação. Entretanto, considerando o direito do contratado ao equilíbrio econômico-financeiro do contrato, o direito à repactuação ainda poderá ser exercido após a prorrogação, valendo os novos preços a partir da data da análise.

5.4.3.2.2 Datas-base da repactuação

O art. 135 da Lei nº 14.133 subdivide a repactuação e cria duas datas-base que servirão de parâmetro para a aferição da periodicidade da alteração. A subdivisão decorre do fato de que os contratos de serviços contínuos, ainda que contem com dedicação exclusiva de mão de obra, nem sempre contarão com um orçamento composto unicamente de custos de mão de obra. Assim, os custos decorrentes de mão de obra vão variar em razão do acordo, da convenção ou do dissídio coletivo firmado, mas os demais custos vão variar de acordo com o mercado.

Por conseguinte, para os custos decorrentes do mercado, a data-base da repactuação será a data de apresentação da proposta. Já para os custos de mão de obra, a data-base ficará vinculada ao acordo, à convenção coletiva ou ao dissídio coletivo ao qual a proposta esteja vinculada.

O efeito dessa subdivisão é que o contrato sujeito à repactuação poderá ser alterado mais de uma vez dentro do interregno mínimo de um ano previsto no art. 135, §3º, da Lei nº 14.133/2021: para os custos de mão de obra, será observado o prazo a partir da data da última repactuação (a primeira estará vinculada à apresentação da proposta); para os custos de mercado, será observado o prazo a partir da data de apresentação da proposta.

É interessante notar que, por conta dessa divisão, é admissível o parcelamento da repactuação em quantas vezes forem necessárias, podendo ela ser realizada em momentos distintos para discutir a variação de custos que tenham sua anualidade resultante em datas diferenciadas, nos termos do art. 135, §4º, da Lei nº 14.133/2021. Essas datas diferenciadas decorrem justamente da diferença de datas-base dos custos de mão de obra e dos custos dos insumos necessários à execução dos serviços.

5.4.3.3 Reequilíbrio econômico-financeiro

A concessão do reequilíbrio econômico-financeiro é uma forma de manutenção do contrato que visa à recomposição do seu equilíbrio. O reajustamento e a repactuação servem para manter o equilíbrio porque são aplicados logo quando verificada a álea já esperada. No caso do reequilíbrio, a álea não é ordinária, mas extraordinária. Dessa forma, ele serve para recompor um equilíbrio que foi afetado, não tendo prazo específico ou data-base para ocorrer.

O reequilíbrio, que também pode ser chamado de revisão ou de recomposição, é utilizado diante da verificação de uma álea administrativa ou de uma álea econômica. Nesse sentido, pode ser que a realização dele seja obrigatória, decorrendo de determinação legal e de maneira unilateral (como ocorre nas alterações unilaterais e diante de fatos da Administração), ou ele pode ocorrer por meio de uma alteração bilateral (quando ocorrer fato do príncipe ou álea econômica).

Diferentemente do reajustamento e da repactuação, o reequilíbrio não precisa ser feito exclusivamente por meio da atualização dos valores dos insumos do contrato. A recomposição também é possível por outras vias, especialmente em contratos de concessão de serviços públicos: é possível a prorrogação de prazos, a atualização de valores, a concessão de indenização, entre outras medidas. O importante é que haja correlação entre a medida adotada e a efetiva recomposição do equilíbrio entre as contraprestações dos contratantes.

Por ser um direito a ser observado durante toda a execução contratual, a extinção do ajuste não impede o reconhecimento do desequilíbrio econômico-financeiro existente durante a vigência, nos termos do art. 131 da Lei nº 14.133/2021. Nesse caso, somente a indenização poderá restabelecer o equilíbrio, uma vez que o contrato não estará mais produzindo efeitos.

Essa regra demonstra o caráter declaratório da decisão de concessão do reequilíbrio. Ao analisar e constatar a presença dos requisitos legais para a concessão do reequilíbrio, a Administração está apenas reconhecendo o direito do contratado. Isso significa que, caso reconhecido, o direito em si ao reequilíbrio já existe no momento em que o pedido é formulado. O ato de concessão simplesmente reconhece esse fato, tendo, por isso, efeitos retroativos.

Entretanto, é necessário que o pedido seja feito ainda durante a vigência do contrato, sob pena de haver preclusão do direito, que é disponível. Pelo mesmo motivo, a prorrogação do contrato sem que haja qualquer pedido de restabelecimento do equilíbrio configurará óbice ao seu reconhecimento, já que a prorrogação implica em nova manifestação de vontade e na aceitação dos termos contratuais.

5.4.3.3.1 Requisitos para a concessão do reequilíbrio contratual

O reequilíbrio contratual somente tem lugar, naturalmente, quando verificado um desequilíbrio entre as partes contratantes. Esse desequilíbrio existe entre as expressões econômicas das contraprestações assumidas e denota uma alta onerosidade para um contratante acompanhado de uma excessiva vantagem para o outro.

Entretanto, não é o simples desequilíbrio que demanda o reequilíbrio. É necessário que haja um evento que configure uma álea extraordinária capaz de causar a alteração no ajuste. Sem a verificação de uma álea extraordinária, o desequilíbrio será resolvido pelo simples reajustamento em sentido estrito ou pela repactuação.

Vale ressaltar, inclusive, como já decidido pelo Tribunal de Contas da União, que a mera variação de preços de mercado é insuficiente para determinar o reequilíbrio do contrato, sendo necessária a presença de alguma álea extraordinária.[125] A diferença entre preços de mercado e os preços do contrato, mesmo que reajustado, é uma situação previsível, uma vez que os índices nem sempre refletem perfeitamente a flutuação do mercado.

Portanto, ainda que possa haver desequilíbrio, não estará presente o evento capaz de configurar uma álea extraordinária. Ademais, o evento deverá ser o responsável pelo desequilíbrio, havendo, assim, um nexo de causalidade entre o evento e o resultado (o contrato desequilibrado.

---

[125] TCU. Acórdão nº 1884/2017 – Plenário, Relator: Augusto Nardes, j. 30.08.2017, p. 15.09.2017.

Nesse contexto, para a concessão do reequilíbrio, três requisitos são necessários, cumulativamente: *i*) ocorrência de um evento capaz de configurar uma álea extraordinária (administrativa ou econômica); *ii*) desequilíbrio entre as contraprestações dos contratantes, com alta onerosidade para um e excessiva vantagem para outro; e *iii*) nexo de causalidade entre o evento e o desequilíbrio.

5.4.3.3.2 Reequilíbrio econômico-financeiro em favor da Administração Pública

A razão básica da previsão do direito ao equilíbrio econômico-financeiro em sede constitucional e especificamente em relação aos contratos administrativos é que se busca, por meio dele, contrabalancear o direito que a Administração Pública possui de exercer suas prerrogativas contratuais. Por conseguinte, o direito ao equilíbrio nesse caso existe pela constatação de que as prerrogativas estatais no âmbito contratual tornam os contratos administrativos especialmente suscetíveis a instabilidades em relação à expressão econômica das prestações.

Entretanto, a previsão constitucional do equilíbrio contratual não pode ser vista apenas como um direito do contratado. O equilíbrio é bidirecional, no sentido de que pode ser rompido em relação às obrigações de ambas as partes contratantes. O fato de a Administração deter uma posição específica nos contratos administrativos, por conta do regime jurídico próprio e das prerrogativas contratuais, não pode servir de argumento para afastar o seu direito ao equilíbrio contratual, sob pena de haver enriquecimento sem causa do contratado e vilipêndio de recursos públicos.

Por conseguinte, assim como o contratado tem direito ao reequilíbrio econômico-financeiro, a Administração Pública também o terá, podendo provocar a revisão contratual diante do desequilíbrio entre as contraprestações assumidas.

Essa posição é reforçada pela previsão do art. 130 da Lei nº 14.133/2021, ao prever que a alteração unilateral do contrato que afete os encargos do contratado, seja para diminui-los ou para aumentá-los, deverá ser acompanhada do restabelecimento do equilíbrio econômico-financeiro inicial. Ademais, o art. 134 da Lei nº 14.133/2021 traz disposição semelhante: se os preços contratados podem ser alterados para mais ou para menos diante da criação, alteração ou extinção de tributos ou encargos legais ou da superveniência de disposições legais, com comprovada repercussão sobre o contrato, é certo que a alteração dos preços para menos beneficiará a Administração Pública. Dessa forma, tem-se uma hipótese de reequilíbrio contratual que favorece o órgão contratante.

Apesar de não haver dúvidas acerca da possibilidade de o direito ao equilíbrio econômico-financeiro do contrato administrativo ser invocado pela Administração Pública em seu favor, essa hipótese acaba sendo de difícil verificação na prática em razão da própria engenharia contratual. Sendo cada órgão administrativo gestor de centenas ou milhares de contratos, dificilmente será viável acompanhar os desequilíbrios desfavoráveis à Administração, seja pela escassez de pessoal, pela existência de fluxos deficientes de fiscalização ou até mesmo pela ausência de intenção política. Ainda assim, o acompanhamento é muito importante para que sejam evitadas perdas desnecessárias, cabendo à Administração buscar meios eficientes para que os recursos públicos sejam bem utilizados, tornando os contratos administrativos instrumentos realmente efetivos e capazes de gerar transformações na sociedade e na economia.

5.4.3.3.3 Reequilíbrio e reajustamento

O reajuste e o reequilíbrio econômico são formas distintas de preservação do equilíbrio contratual. Uma, busca manter o equilíbrio no tempo; a outra, serve para recompô-lo diante de eventos específicos. Os fatos geradores são diversos, uma vez que o reajuste decorre de álea ordinária e o reequilíbrio de áleas extraordinárias (administrativas ou econômicas).

Dessa maneira, é possível que um mesmo contrato demande reajuste e reequilíbrio. Considerando que o reajuste possui uma periodicidade específica, no interregno entre um reajuste e outro, a variação de custos do contrato pode ser extraordinária e demandar uma recomposição do equilíbrio. Por esse motivo, o reajuste não necessariamente exclui a necessidade de reequilíbrio.

Entretanto, para que o contratado não seja duplamente beneficiado (com o reequilíbrio seguido de um reajuste), sendo possível um futuro reajuste após a concessão da recomposição, caberá à Administração estabelecer que esta vigorará até a data do novo reajuste. No advento da data do reajuste, deverá haver um recálculo dos valores, de modo que seja retirada a recomposição da parcela já contemplada no reajuste, evitando-se a sobreposição de parcelas. Caso contrário, haveria um desequilíbrio em prejuízo da Administração Pública.[126]

---

[126] TCU. Acórdão nº 1431/2017 – Plenário. Relator: Vital do Rêgo, j. 05.07.2017, p. 15.12.2017.

CAPÍTULO 6

HIPÓTESES DE EXTINÇÃO E NULIDADES DOS CONTRATOS ADMINISTRATIVOS

6.1 Extinção dos contratos administrativos

A Nova Lei de Licitações e Contratos Administrativos trata da extinção do contrato administrativo como situação de rescisão contratual pela verificação de causas legalmente previstas.

Nesse contexto, o art. 137 da Lei nº 14.133/2021 apresenta um rol de situações que motivam a extinção do contrato, o que deverá ocorrer de maneira formalmente motivada nos autos do processo, sendo assegurados o contraditório e a ampla defesa. Em razão da verificação dessas situações, o contrato é extinto por irregularidades antes de seu termo final, de modo que não haverá o recebimento definitivo do objeto.[127]

São as seguintes as hipóteses de extinção dos contratos elencadas pelo art. 137 da Lei nº 14.133/2021:

I – Não cumprimento ou cumprimento irregular de normas editalícias ou de cláusulas contratuais, de especificações, de projetos ou de prazos;

---

[127] Apesar de haver esse rol com as hipóteses de extinção, há outras situações esparsas que também a admitem na própria lei e nem todas configuram uma extinção por irregularidades. É o caso da extinção de contratos de serviços e fornecimentos contínuos pela inexistência de créditos orçamentários (art. 106, III, da Lei nº 14.133/2021) ou no momento de análise da prorrogação, quando não houver mais vantagem nos preços e nas condições (art. 107 da Lei nº 14.133/2021).

II – Desatendimento das determinações regulares emitidas pela autoridade designada para acompanhar e fiscalizar sua execução ou por autoridade superior;

III – Alteração social ou modificação da finalidade ou da estrutura da empresa que restrinja sua capacidade de concluir o contrato;

IV – Decretação de falência ou de insolvência civil, dissolução da sociedade ou falecimento do contratado;

V – Caso fortuito ou força maior, regularmente comprovados, impeditivos da execução do contrato;

VI – Atraso na obtenção da licença ambiental, ou impossibilidade de obtê-la, ou alteração substancial do anteprojeto que dela resultar, ainda que obtida no prazo previsto;

VII – Atraso na liberação das áreas sujeitas a desapropriação, a desocupação ou a servidão administrativa, ou impossibilidade de liberação dessas áreas;

VIII – Razões de interesse público, justificadas pela autoridade máxima do órgão ou da entidade contratante;

IX – Não cumprimento das obrigações relativas à reserva de cargos prevista em lei, bem como em outras normas específicas, para pessoa com deficiência, para reabilitado da Previdência Social ou para aprendiz.

Como será visto, há três formas de extinção dos contratos administrativos, de acordo com o art. 138 da Lei nº 14.133/2021: *i*) unilateral; *ii*) bilateral ou consensual; e *iii*) determinada por terceiro.

6.1.1 Extinção unilateral pela Administração Pública

A extinção unilateral do contrato administrativo ocorre quando a Administração Pública a determina, sem necessidade de manifestação de vontade do contratado, nos casos admitidos em lei. Dessa maneira, por decisão própria, escrita e devidamente motivada, a Administração põe fim ao contrato, por não ser mais viável a sua continuidade.

Para a extinção unilateral, será necessário observar o contraditório e a ampla defesa do contratado, de acordo com procedimentos e critérios estabelecidos no regulamento do próprio ente contratante, nos termos do art. 137, §1º, da Lei nº 14.133/2021. Há, portanto, a necessidade de instauração de um procedimento administrativo próprio, destinado à comprovação da causa de extinção unilateral, admitindo-se a participação e a defesa do contratado.

Não será possível a extinção unilateral, contudo, no caso de a própria Administração ter praticado a conduta que enseja o fim do contrato, nos termos do art. 138, I, da Lei nº 14.133/2021. Admitir a extinção nesses casos seria incongruente, já que permitiria à Administração beneficiar-se da própria torpeza, sendo o comportamento contraditório vedado pela boa-fé objetiva.

6.1.1.1 Consequências da extinção unilateral

Uma vez determinada a extinção de maneira unilateral, o art. 139 da Lei nº 14.133/2021 prevê certas providências que podem ser tomadas com vistas à proteção do interesse público vinculado ao objeto contratual, sem prejuízo da aplicação das sanções legais.

Nesse contexto, a primeira providência prevista é a possibilidade de assunção imediata do objeto do contrato, no estado e local em que se encontrar, por ato próprio da Administração. Essa assunção fica a critério da contratante e poderá haver a continuidade da obra ou do serviço por execução direta (pelo próprio Poder Público) ou indireta (com a contratação de outra pessoa).

Além da assunção do objeto, há uma providência mais grave para o contratado, que corresponde à possibilidade de ocupação e utilização do local, das instalações, dos equipamentos, do material e até mesmo do pessoal empregados na execução do contrato e necessários à sua continuidade. Tal providência também ficará a critério da Administração e, por ser mais gravosa, será necessária autorização expressa do ministro de Estado, do secretário estadual ou do secretário municipal competente (art. 139, §2º, da Lei nº 14.133/2021).

As outras providências são de ordem financeira e buscam compensar os prejuízos causados pelo contratado. Nesse sentido, a Administração poderá executar a garantia contratual, seja para ressarcimento de indenizações, pagamento de multas ou outras verbas, ou para exigir a assunção do objeto pela seguradora (no caso de adoção do seguro-garantia com cláusula de retomada). Além disso, será cabível a retenção de eventuais créditos do contratado decorrentes do contrato até o limite dos prejuízos causados e das multas aplicadas.

6.1.2 Extinção consensual do contrato

A extinção consensual ocorrerá quando houver uma convergência de vontades das partes contratantes. Ela pode decorrer de acordo espontâneo das partes, de conciliação, de mediação ou de utilização do comitê de resolução de disputas.

É necessário que haja, é claro, interesse por parte da Administração na extinção do contrato, de acordo com o art. 138, II, da Lei nº 14.133/2021. Além disso, a extinção deverá ser precedida de autorização escrita e fundamentada da autoridade competente, sendo reduzida a termo no respectivo processo.

Deve haver justificativa idônea e precisa para que a extinção ocorra, especialmente se ainda houver a possibilidade de execução do contrato. A Administração Pública não é livre para extinguir contratos quando e como quiser, estando sujeita às prescrições legais, de modo a resguardar o interesse público.

6.1.2.1 Direito do contratado à extinção contratual

A Nova Lei de Licitações e Contratos Administrativos teve o cuidado de prever expressamente situações em que o contratado passará a ter direito à extinção do contrato. São casos em que a Administração Pública adota condutas que configuram descumprimento das obrigações contratuais ou que tornam excessivamente onerosa a execução das obrigações assumidas pelo contratado.

Esse direito do contratado à extinção do contrato, entretanto, não deve representar um caso de extinção unilateral. Na verdade, verificadas as situações que permitem a existência do direito, o contratado deverá comprová-las e requerer a extinção à Administração. Havendo concordância, a extinção ocorrerá por meio de uma espécie de extinção consensual, nos termos do art. 138,

II, da Lei nº 14.133/2021. Na hipótese de a Administração discordar das alegações, ainda será possível a extinção consensual caso seja adotada a conciliação, a mediação ou o comitê de resolução de disputas. Não havendo solução consensual, restará ao contratado acionar a arbitragem ou recorrer ao Poder Judiciário, levando a uma extinção do contrato determinada por terceiro.

Isso ocorre porque a manutenção dos contratos administrativos é de interesse público, em razão do objeto desses contratos, de modo que a extinção unilateral pelo contratado poderia gerar prejuízos à sociedade. Nesse sentido, o regime jurídico de direito público demanda uma análise pormenorizada e motivada da situação que dá direito ao contratado à extinção antes que ela ocorra, assim como há o direito ao contraditório e à ampla defesa em caso de extinção unilateral pela Administração.

Sendo a extinção decorrente de culpa exclusiva da Administração, será conferido ao contratado também o direito ao ressarcimento pelos prejuízos sofridos que sejam regularmente comprovados. Além disso, ele terá direito à devolução da garantia prestada, ao pagamento dos valores devidos pela execução contratual até a data da extinção, bem como ao pagamento dos custos de desmobilização (art. 138, §2º, da Lei nº 14.133/2021).

Conforme dispõe o art. 137, §2º, da Lei nº 14.133/2021, são as seguintes as situações que geram o direito do contratado à extinção do contrato:

I – Supressão, por parte da Administração, de obras, serviços ou compras que acarrete modificação do valor inicial do contrato além do limite de 25% admitido pelo art. 125 da Lei nº 14.133/2021;

II – Suspensão de execução do contrato, por ordem escrita da Administração, por prazo superior a 3 (três) meses;

III – Repetidas suspensões que totalizem 90 (noventa) dias úteis, independentemente do pagamento obrigatório de indenização pelas sucessivas e contratualmente impre- vistas desmobilizações e mobilizações e outras previstas;

IV – Atraso superior a 2 (dois) meses, contado da emissão da nota fiscal, dos pagamentos ou de parcelas de pagamen- tos devidos pela Administração por despesas de obras, serviços ou fornecimentos; e

V – Não liberação pela Administração, nos prazos contratuais, de área, local ou objeto, para execução de obra, serviço ou fornecimento, e de fontes de materiais naturais especificadas no projeto, inclusive devido a atraso ou descumprimento das obrigações atribuídas pelo contrato à Administração relacionadas à desapropriação, à desocupação de áreas públicas ou ao licenciamento ambiental.

Vale notar, no entanto, que não haverá direito à extinção do contrato para as hipóteses previstas nos incisos II, III e IV em caso de calamidade pública, de grave perturbação da ordem interna ou de guerra, bem como quando essas hipóteses decorrerem de ato ou fato que o contratado tenha praticado, do qual tenha participado ou para o qual tenha contribuído (art. 137, §3º, I, da Lei nº 14.133/2021).

As mesmas hipóteses dos incisos II, III e IV também dão outra possibilidade para o contratado: optar pela suspensão do cumprimento das obrigações assumidas até a normalização da situação. Nesse caso, o contrato não será extinto e, uma vez regularizada a situação, ele poderá prosseguir normalmente, inclusive com a possibilidade de restabelecimento do equilíbrio econômico-financeiro do contrato em favor do contratado (art. 137, §3º, II, da Lei nº 14.133/2021).

6.1.3 Extinção do contrato determinada por terceiro

A extinção do contrato administrativo pode ser determinada por um terceiro imparcial. Isso pode ocorrer por meio de decisão arbitral ou de decisão judicial. Em ambos os casos, um terceiro substitui a vontade dos contratantes e determina a extinção do contrato.

No caso de decisão arbitral, ela decorrerá de cláusula compromissória ou de compromisso arbitral, a depender da existência ou não de previsão expressa no contrato da possibilidade de utilização da arbitragem. A cláusula contratual que verse sobre o compromisso de uso da arbitragem estará relacionada a um litígio futuro e incerto, enquanto que o compromisso arbitral será firmado diante de um litígio atual e específico.

Considerando que a Administração Pública pode extinguir o contrato unilateralmente, não será necessário recorrer a um terceiro para fazê-lo. Por conseguinte, é mais provável que o contratado provoque alguma das formas de extinção por meio de decisão de terceiro, havendo manifestação de vontade da Administração Pública apenas quanto à arbitragem, seja por meio de cláusula compromissória ou de compromisso arbitral. Para a análise judicial, nenhuma manifestação de vontade será necessária.

Em ambos os casos, contudo, será necessária uma análise acerca da culpa pela extinção, sendo aplicáveis as consequências previstas em lei a depender da situação.

6.2 Nulidades contratuais

A Lei nº 14.133/2021 estabeleceu um regime interpretativo das nulidades dos contratos administrativos focada nas consequências, seguindo a mesma linha da Lei de Introdução às Normas do Direito Brasileiro (LINDB). Isso decorre do reconhecimento da relevância dos contratos administrativos e da função social específica que eles possuem na proteção de interesses públicos.

Nesse sentido, a declaração de nulidade, seja por conta do procedimento licitatório ou da execução contratual, passou a ser uma opção subsidiária, diante da impossibilidade de saneamento dos defeitos do contrato. Logo, antes de invalidar o ajuste, caberá à autoridade competente verificar a possibilidade de solucionar os vícios, devendo a decisão que optar pela invalidação demonstrar a impossibilidade de saneamento e que o interesse público demanda essa medida.

O interesse público é visto como o verdadeiro guia da atuação administrativa, não podendo ser desrespeitado em razão de suas características de supremacia e de indisponibilidade. Ao administrador não é dado dispor desse interesse, que é de titularidade de toda a sociedade, de modo que, mesmo diante de uma causa de nulidade, o interesse público deverá ser avaliado.

Isso não significa uma chancela legal à manutenção de qualquer situação ilegal, já que isso, por si, também pode configurar um desrespeito ao interesse público. Afinal, os agentes públicos ainda poderão ser responsabilizados pelas nulidades e pelos prejuízos que causarem, independentemente da continuação do contrato. O que a lei procurou trazer foi uma racionalidade focada nas consequências das decisões tomadas em âmbito administrativo diante das necessidades sociais que podem ser supridas por meio dos contratos. É necessário, contudo, que haja cautela e clara demonstração do interesse público envolvido na manutenção do contrato e no saneamento de seus vícios.

Inclusive, se a paralisação ou a anulação do contrato puderem gerar maiores lesões do que sua manutenção, a Administração poderá dar continuidade à execução contratual, solucionando a irregularidade por meio de indenização por perdas e danos (art. 147, parágrafo único, da Lei nº 14.133/2021). Isso não afasta, é claro, a apuração da responsabilidade e a aplicação das penalidades cabíveis. Por conseguinte, não há uma carta branca para as condutas irregulares. Há, na verdade, uma preocupação com quem será efetivamente afetada pela declaração de nulidade: a sociedade.

O art. 147 da Lei nº 14.133/2021 até mesmo estabelece um rol exemplificativo dos aspectos que devem ser avaliados expressamente pela decisão acerca da nulidade dos contratos administrativos: *i*) impactos econômicos e financeiros decorrentes do atraso na fruição dos benefícios do objeto do contrato; *ii*) riscos sociais, ambientais e à segurança da população local decorrentes do atraso na fruição dos benefícios do objeto do contrato; *iii*) motivação social e ambiental do contrato; *iv*) custo da deterioração ou da perda das parcelas executadas; *v*) despesa necessária à preservação das instalações e dos serviços já executados; *vi*) despesa inerente à desmobilização e ao posterior retorno às atividades; *vii*) medidas efetivamente adotadas pelo titular do órgão ou entidade para o saneamento dos indícios de irregularidades apontados; *viii*) custo total e estágio de execução física e financeira dos contratos, dos convênios, das obras ou das parcelas envolvidas; *ix*) fechamento de postos de trabalho diretos e indiretos em razão da paralisação; *x*) custo para realização de nova licitação ou celebração de novo contrato; e *xi*) custo de oportunidade do capital durante o período de paralisação.

Nesse sentido, toda irregularidade deverá ser avaliada de acordo com as diversas circunstâncias do caso concreto, incluindo os impactos, os riscos, os custos e a análise do interesse público em si, para que a decisão tomada seja a melhor possível.

6.2.1 Regime interpretativo da LINDB e os contratos administrativos

Para compreender a linha seguida pela Lei nº 14.133/2021, é interessante notar que a Lei de Introdução às Normas do Direito Brasileiro (LINDB) foi alterada pela Lei nº 13.655/2018 para estabelecer um regime interpretativo da atuação administrativa focado no consequencialismo e no pragmatismo. Nesse contexto, passou a ser necessária uma análise prática e realista dos atos, contratos e ajustes da Administração, o que afeta a intepretação das nulidades dos contratos administrativos.

O art. 20 da LINDB estabelece que não se decidirá com base em valores jurídicos abstratos sem que sejam consideradas as consequências práticas da decisão, mesmo na esfera administrativa. Com isso, será necessário que a motivação da decisão demonstre a necessidade e a adequação da invalidação do contrato, inclusive em face de possíveis alternativas (art. 20, parágrafo único, da LINDB).

Já nos termos do art. 21 da LINDB, toda decisão que decrete a invalidação de contrato administrativo deverá indicar expressamente as consequências jurídicas e administrativas. Além disso, o parágrafo único do mesmo dispositivo prevê que a decisão de invalidação deverá indicar as condições para que a regularização da situação ocorra de modo proporcional e equânime, sem prejuízo aos interesses gerais e de maneira que não se imponha aos sujeitos atingidos ônus ou perdas anormais ou excessivos.

Ademais, o art. 22 da LINDB prevê que a interpretação das normas sobre gestão pública deve levar em consideração os obstáculos e dificuldades reais do gestor, assim como as exigências das políticas públicas. No mesmo sentido, o §1º do referido dispositivo determina que, na decisão acerca da regularidade de conduta ou validade de ato, contrato ou ajuste, devem ser consideradas as circunstâncias práticas que houverem imposto, limitado ou condicionado a ação do agente.

Por sua vez, de acordo com o art. 24 da LINDB, a revisão quanto à validade de contrato administrativo que já tenha completado seu ciclo deverá levar em consideração as orientações gerais da época, sendo vedada declaração de invalidade de situações plenamente constituídas com base em mudança posterior de orientação geral.

Percebe-se que há todo um regime interpretativo pragmático e focado na solução de problemas com base na realidade fática e nas consequências da decisão acerca da validade dos contratos administrativos, algo que já está de acordo com as disposições da Lei nº 14.133/2021.

6.2.2 O caráter indeterminado do conceito de "interesse público"

A previsão contida no art. 147 da Lei nº 14.133/2021, que demanda uma análise do interesse público diante da verificação de irregularidades contratuais ou na licitação, traz certa dificuldade prática na verificação do conteúdo do interesse público.

Como já visto, os contratos administrativos são regidos por um regime jurídico de direito público que adota dois axiomas centrais: *i*) O interesse público sobrepõe-se ao interesse particular caso exista conflito, o que corresponde à supremacia do interesse público sobre o privado; e *ii*) O interesse público é indisponível, não podendo ser caracterizado, modificado ou disposto de acordo com a volição do administrador, o que corresponde à indisponibilidade do interesse público.

Compreender esses axiomas de maneira abstrata é relativamente simples e, em certa medida, todos têm uma noção do que pode vir a ser o interesse público. No entanto, o real conteúdo do interesse público pode ser difícil de verificar, por tratar-se de um conceito jurídico indeterminado.[128] Isso significa que não há precisão no conceito, de modo que ele dependerá de uma integração no caso concreto.

Ressalte-se que Celso Antônio Bandeira de Mello oferece um conceito geral de interesse público, apresentando-o como "o interesse

---

[128] Como explicam Gabardo e Rezende, esses conceitos indeterminados guardam dois aspectos importantes: "sua ideia mutável intimamente ligada com os valores sociais de cada época e consagrados em cada ordenamento jurídico e o fato de poder ser interpretado de acordo com esses valores e ordenamento jurídicos". Portanto, tais conceitos concedem ao intérprete uma certa margem de atuação para a definição do conteúdo no caso concreto. GABARDO, Emerson; REZENDE, Maurício Corrêa de Moura. O conceito de interesse público no direito administrativo brasileiro. *Revista Brasileira de Estudos Políticos*, 2017. Disponível em: https://periodicos.ufmg.br/index.php/rbep/article/view/17661. Acesso em: 20 jan. 2022.

resultante do conjunto dos interesses que os indivíduos pessoalmente têm quando considerados em sua qualidade de membros da Sociedade e pelo simples fato de o serem".[129] Tal explicação, contudo, não é exatamente precisa e a indeterminação dos interesses públicos concretamente considerados continua sendo uma realidade.

A integração do conceito somente poderá ser feita no caso concreto e a legitimidade para a interpretação do interesse público é, a princípio, da Administração Pública, já que é por meio da atuação dela que esse interesse será satisfeito, cabendo ao Poder Judiciário o controle posterior. É nesse contexto que surge uma margem de discricionariedade para a autoridade pública.[130]

Portanto, apesar de não ser uma atividade simples, cabe ao administrador público competente para decidir acerca da nulidade do contrato, analisar e explicitar o interesse público envolvido no caso, integrando o conceito jurídico determinado. Por ser da Administração Pública a legitimidade primeira para essa análise, ela deverá ser respeitada pelos órgãos de controle e pelo Poder Judiciário por integrar o mérito administrativo, ressalvada a verificação de clara ilegalidade ou de insubsistência das circunstâncias apresentadas na decisão.

6.2.3 Saneamento e convalidação

A redação do art. 147 da Lei nº 14.133/2021, ao estabelecer que a declaração de nulidade do contrato ocorrerá quando não for possível o saneamento da irregularidade, abre margem

---

[129] MELLO, Celso Antônio Bandeira de. *Curso de Direito Administrativo*. 30. ed. São Paulo: Malheiros, 2013. p. 62.

[130] Sobre o conceito, discorre Bandeira de Mello, "Haveria atuação vinculada e, portanto, um poder vinculado, quando a norma a ser cumprida já predetermina e de modo completo qual o *único* possível comportamento que o administrador estará obrigado a tomar perante casos concretos cuja compostura esteja descrita, pela lei, em termos que não ensejam dúvida alguma quanto ao seu *objetivo* reconhecimento. Opostamente, haveria atuação discricionária quando, em decorrência do modo pelo qual o Direito regulou a atuação administrativa, resulta para o administrador um campo de liberdade em cujo interior cabe interferência de uma apreciação *subjetiva* sua quanto à maneira de proceder nos casos concretos, assistindo-lhe, então, sobre eles prover na conformidade de uma intelecção, cujo acerto seja irredutível à objetividade e ou segundo critérios de conveniência e oportunidade administrativa". MELLO, Celso Antônio Bandeira de. *Discricionariedade e controle jurisdicional*. 2. ed. São Paulo: Malheiros Editores, 2017. p. 9.

para a aplicabilidade da convalidação no âmbito dos contratos administrativos.[131]

A convalidação é aplicável para a correção de erros sanáveis envolvendo competência, forma e os procedimentos de atos administrativos. Apenas o motivo, a finalidade e o objeto não podem ser objeto de convalidação quando viciados.

O instituto tem previsão expressa no art. 55 da Lei nº 9.784/1999, que prevê que os atos com defeitos sanáveis poderão ser convalidados pela própria Administração por meio de decisão que evidencie não haver lesão ao interesse público ou prejuízo a terceiros.

Cabe ressaltar que há abalizada doutrina que afirma que a convalidação não é mera faculdade, mas, sim, um ato vinculado.[132] Dessa maneira, sempre que a Administração Pública verificar que há um ato passível de convalidação, que não tenha sido impugnado pelo contratado, haverá um dever de convalidá-lo.[133]

O Tribunal de Contas da União já proferiu decisões aceitando a possibilidade de convalidação de atos irregulares ocorridos na licitação e a continuidade da execução do contrato, em razão da prevalência do interesse público em face do risco de prejuízos para a Administração Pública.[134] É o caso, por exemplo, da indevida inabilitação de licitante[135] ou da dispensa indevida de

---

[131] Para Marçal Justen Filho, o que diferencia o defeito sanável do defeito convalidável é a gravidade do vício. No caso de defeito sanável, o vício é mais leve e o saneamento ocorre por meio da adoção de um ou mais atos que eliminam o defeito e permitem que o ato originário produza seus efeitos por conta própria, sendo os atos posteriores desprovidos de eficácia jurídica diferenciada (o ato sanado é que produz os efeitos). Por outro lado, em se tratando de vício convalidável, que o autor considera mais grave, o ato a ser adotado para afastar o defeito tem eficácia própria, de modo que os efeitos do ato convalidado não derivarão apenas dele próprio, mas também do ato que promoveu a convalidação. O exemplo dado pelo autor é o de um aditivo irregular a um contrato administrativo com descrição inadequada do conteúdo das modificações realizadas no ajuste e do qual decorre um pagamento ao particular que é indevido apenas em razão do defeito do termo aditivo. Uma vez corrigido o aditivo pela convalidação, o pagamento será reconhecido como perfeito, de modo que o ato convalidado não poderia ter produzido efeitos independentemente da convalidação (JUSTEN FILHO, Marçal. *Curso de direito administrativo.* 10. ed. rev., atual. e ampl. São Paulo: Editora Revista dos Tribunais, 2014. p. 450-451).

[132] DI PIETRO, Maria Sylvia Zanella. *Direito administrativo.* 26. ed. São Paulo: Atlas, 2013. p. 255.

[133] MELLO, Celso Antônio Bandeira de. *Curso de Direito Administrativo.* 30. ed. São Paulo: Malheiros, 2013. p. 484.

[134] TCU. Acórdão nº 988/2022 – Plenário. Relator Antonio Anastasia, j. 04.05.2022, p. 06.06.2022.

[135] TCU. Acórdão nº 1737/2021 – Plenário. Relator: Weder de Oliveira, j. 21.07.2021, p. 21.07.2021.

licitação em que seja necessária a continuidade da execução do contrato.[136]

6.2.4 Efeitos da declaração de nulidade do contrato administrativo

Não sendo possível o saneamento da irregularidade verificada no procedimento licitatório ou na execução contratual, após avaliadas as consequências da decisão e o interesse público envolvido, será necessária a declaração de nulidade do contrato.

Essa declaração de nulidade, de maneira semelhante à declaração de nulidade dos atos administrativos, tem efeitos retroativos, já que o contrato estará viciado desde a origem por ilegalidade. Com isso, serão desconstituídos os efeitos jurídicos já produzidos pelo contrato e serão impedidos aqueles que ele deveria produzir ordinariamente, nos termos do art. 148 da Lei nº 14.133/2021. Caso não seja possível retornar à situação fática anterior, ainda que a decisão opere retroativamente, restará a solução por meio de indenização de perdas e danos.

Há, entretanto, a possibilidade de modulação dos efeitos da nulidade. Para tanto, a autoridade responsável deverá avaliar cuidadosamente a necessidade premente de continuidade da atividade administrativa, caso em que os efeitos da invalidação poderão operar em momento futuro. Esse momento futuro deve ser suficiente para que seja efetuada uma nova contratação apta a permitir a continuidade da execução do objeto contratual, havendo o limite de prazo de até 6 (seis) meses, o qual pode ser prorrogado uma única vez (art. 148, §2º, da Lei nº 14.133/2021).

Cabe observar, por fim, que a declaração de nulidade não afastará o dever de indenizar o contratado pela execução contratual de houver ocorrido até a data da decisão. Também terá o contratado direito à indenização por outros prejuízos comprovados, desde que eles não lhe sejam imputáveis, sendo promovida a responsabilização do causador da irregularidade (art. 149 da Lei nº 14.133/2021).

---

[136] TCU. Acórdão nº 1473/2019 – Plenário. Relator: Raimundo Carreiro, j. 26.06.2019, p. 05.07.2019.

CAPÍTULO 7

MEIOS ALTERNATIVOS DE RESOLUÇÃO DE CONTROVÉRSIAS

7.1 Consensualidade nos contratos administrativos

Os contratos administrativos formam uma relação jurídica peculiar em que há, de um lado, a Administração Pública buscando satisfazer interesses públicos, e, do outro, o particular contratado que busca obter lucro com a execução do objeto contratual. A relação, por conta da distinção qualitativa dos interesses, é vista como verticalizada, sendo a Administração dotada de certas prerrogativas decorrentes do ordenamento jurídico que serve para resguardar os interesses da sociedade.

Não há, no entanto, a necessidade de o contrato ser visto como uma relação adversarial. As partes têm interesses próprios ao firmarem o ajuste, mas eles não precisam ser contrapostos. A execução do objeto contratual satisfaz, direta ou indiretamente, interesses públicos. No entanto, também é do interesse da sociedade que os contratados pela Administração obtenham as vantagens devidas com o contrato, de modo que executem fielmente as obrigações assumidas, mantendo-se a vantajosidade dos contratos administrativos em geral. Dessa forma, o contrato como um todo é importante.

Essa compreensão permite a adoção de meios mais racionais para a manutenção da vantajosidade do ajuste para ambas as partes, sem que seja necessária a imposição de uma vontade por meio de prerrogativas legais. O ideal é que se busquem soluções contratuais que, além de estarem de acordo com o ordenamento, tornem o contrato atrativo e seguro.

É nesse contexto que surge uma busca maior pela consensualidade no âmbito dos contratos administrativos. A Administração Pública é chamada a dialogar com os contratados para que as melhores e mais eficientes soluções sejam encontradas, de modo que o interesse público seja satisfeito como um todo.

Seguindo essa linha, a Nova Lei de Licitações e Contratos Administrativos trouxe, em diversos momentos, a previsão expressa da possibilidade de negociação por parte da Administração Pública.

Nesse sentido, após o resultado do julgamento das propostas na licitação, a Administração poderá negociar condições melhores e mais vantajosas com o primeiro colocado e, sendo o caso, com os demais licitantes na ordem de classificação, nos termos do art. 61 da Lei nº 14.133/2021. Além disso, haverá negociação quando os licitantes remanescentes forem convocados diante da recusa do vencedor em assinar o contrato (art. 90, §4º, da Lei nº 14.133/2021). Também no momento de prorrogação dos contratos de serviços e fornecimentos contínuos, a Administração poderá negociar com o contratado por condições e preços vantajosos, de modo a evitar a extinção do contrato, conforme prevê o art. 107 da Lei nº 14.133/2021.

Essas previsões, é claro, não exaurem as possibilidades de adoção da negociação e de outros meios consensuais de resolução de controvérsias, ainda mais diante do art. 151 da Lei nº 14.133/2021, que prevê um rol exemplificativo de meios alternativos para prevenção e resolução de questões contratuais.

Dessa forma, há na nova lei uma maior aproximação entre o contratado e a Administração. Isso não necessariamente infirma a relação de verticalidade ou a existência das prerrogativas contratuais. Elas ainda existem, mas nem sempre precisarão ser utilizadas. Em alguns casos, a utilização poderá até mesmo ser subsidiária, para que se tenha uma preferência pela adoção de soluções mais eficientes e que contem com a participação do contratado.

7.2 O dever jurídico de renegociar contratos

A renegociação contratual é uma das possibilidades que também surgem diante das situações de desequilíbrio, como já indica o parágrafo único do art. 151 da Lei nº 14.133/2021. Diante da situação em que as expressões econômicas das contraprestações das partes perdem equivalência, dois resultados podem ser verificados: a resolução do contrato por onerosidade excessiva ou a revisão contratual (reequilíbrio).

É importante, no ponto saber, se existe, no ordenamento jurídico brasileiro, um dever para que as partes optem pela revisão contratual em vez da resolução. Para tanto, é preciso investigar a própria razão de existência dos contratos e sua utilidade sob diferentes pontos de vista.

Os contratos existem como categoria jurídica que representa uma interseção entre direito e economia. Como fenômeno sociológico, os negócios entre pessoas são uma realidade e é por meio deles que as pessoas fazem trocas. No entanto, é por meio dos contratos que as trocas podem ocorrer com uma segurança chancelada pelo ordenamento jurídico. O que importa, nesse ponto, é perceber que os contratos envolvem uma expressão econômica e representam negócios que ocorrem naturalmente no mercado, surgindo a regulamentação jurídica como um facilitador. É que os contratos permitem uma eficiente alocação de recursos. Dessa forma, os negócios que são objeto dos contratos existiriam mesmo que não houvesse um regulamento jurídico (como realmente já existiam antes), simplesmente porque eles são úteis ao mercado e permitem as trocas econômicas.

A premissa aqui apontada é que a expressão econômica vinculada ao contrato é essencial para o funcionamento do mercado, por traduzir a eficiência deste na alocação dos recursos existentes. Com isso, a extinção de contratos não é desejável, uma vez que representará um retorno a um estado abaixo do ótimo na mencionada alocação de recursos.

Além da utilidade para o mercado, os contratos representam utilidades do ponto de vista dos contratantes. É válido presumir que, considerando a autonomia da vontade e ressalvados os vícios dos negócios jurídicos, os contratos são do interesse de todas as partes que firmaram o ajuste. Há alguma utilidade a ser extraída das contraprestações assumidas, e essa utilidade tem expressão econômica. Nesse sentido, sempre que um contrato alcança um ponto de ruptura do equilíbrio, há uma perda de utilidade para uma das partes contratantes ou todas.

Essa perda de utilidade pode resultar, como já exposto, em uma revisão, que manterá o contrato vigente e retomará a utilidade, ou em uma extinção. Ocorre que a contratual representará uma situação que as partes não queriam inicialmente. A intenção manifesta era a de realizar e cumprir o ajuste e apenas a situação excepcional posterior é que quebrou a base negocial e impediu o prosseguimento. O fato é: os contratantes queriam o contrato e viram nele alguma utilidade, a qual será perdida em caso de resolução. Logo, a conclusão a que se pode chegar é: também para os contratantes (não apenas para o mercado), a manutenção do contrato, em vez da resolução, é mais desejável.[137]

Também é possível argumentar que há utilidade na manutenção dos contratos do ponto de vista jurídico. Com a visão contratualista atual, todos os contratos têm função social, ou seja, eles são vistos não apenas como instrumentos que produzem efeitos entre as partes contratantes, mas que produzem efeitos em toda a sociedade. Essa ideia traz diversos deveres aos contratantes, especialmente no que tange às externalidades contratuais. No que tange aos contratos administrativos, a função social está conectada ao fato de que o próprio objeto contratual corresponde a uma finalidade de interesse público, que afeta toda a sociedade.

Nesse contexto, a resolução contratual não é o caminho mais interessante a ser seguido, seja do ponto de vista da economia, seja pelo ponto de vista das partes contratantes ou pelo ponto de vista jurídico. Essa situação não representa, por si só, a existência de um dever jurídico de tentar a revisão contratual, mas demonstra claramente que a revisão é importante e preferível.

O mais comum é encontrar na doutrina brasileira o entendimento de que a revisão contratual é uma opção das partes.[138] Sendo facultativa, a recusa à renegociação do contrato não seria considerada um abuso e não violaria, em tese, dever legal.

---

[137] Inclusive, partindo de uma análise econômica, Schreiber afirma com razão que os custos da renegociação são inferiores quando comparados às outras opções: a resolução e a revisão judicial (SCHREIBER, Anderson. *Equilíbrio contratual e dever de renegociar*. 2. ed. São Paulo: Saraiva Educação, 2020. *E-book*).

[138] SCHREIBER, Anderson. *Equilíbrio contratual e dever de renegociar*. 2. ed. São Paulo: Saraiva Educação, 2020. *E-book*.

No entanto, os contratos, como é cediço, são regidos pela ideia de boa-fé objetiva.[139] Por esse motivo, cabe aos contratantes, inclusive nos contratos administrativos, antes, durante e depois da pactuação, agir de maneira transparente e leal, e não de maneira contraditória ou dissimulada.

Assim, os contratos não são dotados de uma ideia adversarial, mas de uma compreensão da necessidade de haver cooperação entre os contratantes. Apesar de cada contratante perseguir um interesse próprio, o fato de o contrato ser um instrumento para a consecução dessa finalidade torna-o digno de proteção. Ambos os contratantes têm interesse na efetivação das obrigações assumidas com o contrato e, para tanto, devem cooperar entre si.

É justamente da boa-fé objetiva e do dever de cooperação entre os contratantes que se pode extrair um dever de renegociar os contratos. Esse dever é consentâneo com as finalidades das partes, que assumiram obrigações contratuais para o atingimento de certos objetivos. A elas interessa, em tese, mais executar o contrato a vê-lo resolvido.

É assim, inclusive, que se torna possível coadunar, de maneira mais eficiente, a *pacta sunt servanda* com a *rebus sic stantibus*, algo que é feito nos contratos administrativos por meio da previsão de um direito à recomposição do equilíbrio incialmente pactuado. Um desdobramento da força obrigatória dos contratos deve ser o dever de renegociação em face de situações supervenientes, tendo em vista que essa força somente pode existir enquanto mantidas as bases iniciais do ajuste (*rebus sic stantibus*). É dizer: o dever de renegociação contratual é o que conecta e permite a coexistência da *pacta sunt servanda* e da *rebus sic stantibus*.

Portanto, considerando o interesse do mercado, das partes contratantes e do ordenamento jurídico, a revisão contratual é o caminho inicial preferível. O dever reside, é claro, na busca pela renegociação, não pela sua efetivação. Em outras palavras, o conteúdo do dever de renegociação não abrange o resultado efetivo.[140]

---

[139] Como expressamente consignado pelo art. 422 do Código Civil.

[140] Inclusive, para Nery Júnior e Santos, o inadimplemento do dever de renegociar (pelo menos de tentar a renegociação) pode gerar, inclusive, indenização por perdas e danos, caso a parte prejudicada demonstre o prejuízo, como, por exemplo, no caso da perda de uma chance

A questão é que, por esse viés, a resolução contratual assume uma posição subsidiária, não devendo ser a primeira saída das partes para resolver o desequilíbrio.[141]

O mesmo entendimento, que privilegia a revisão em vez da resolução, vem sendo adotado pela jurisprudência. O Superior Tribunal de Justiça, inclusive, adota o princípio da conservação dos negócios jurídicos para fundamentar a preferência.[142] Esse princípio assume uma posição de relevo nos contratos administrativos, responsáveis pelo atingimento de finalidades de interesse público.

Por conseguinte, o dever de revisão contratual surge como importante solução para as tensões geradas na execução do contrato. A boa-fé objetiva demanda um esforço dos contratantes no sentido de manter vigente a *pacta sunt servanda*, sem impedir a aplicabilidade da cláusula *rebus sic stantibus* e a possibilidade de aplicação da teoria da imprevisão.

7.3 Meios alternativos para a resolução de controvérsias

O art. 151 da Lei nº 14.133/2021 estabelece a possibilidade de utilização de meios alternativos de prevenção e resolução de controvérsias. Em especial, a norma cita a conciliação, a mediação, a arbitragem e o comitê de resolução de disputas. Dessa forma, a lei caminhou para a consolidação da utilização de meios consensuais para que as partes contraentes solucionem questões verificadas no curso da relação contratual sem que seja necessária a mera imposição de vontade de uma das partes sobre a outra ou o acesso ao Poder Judiciário.

Os meios alternativos podem ser utilizados apenas em relação às controvérsias relacionadas a direitos patrimoniais disponíveis.

(NERY JUNIOR, Nelson; SANTOS, Thiago Rodovalho dos. Renegociação contratual. *Revista dos Tribunais*, v. 906, n. 2011, p. 113-156, 2011. Disponível em: https://www.enfam.jus.br/wp-content/uploads/2020/05/Artigo-Renegociac%CC%A7a%CC%83o-contratual-1.4.pdf. Acesso em: 17 mar. 2022).

[141] Adotando o mesmo posicionamento, Schreiber reconhece a existência do dever de renegociação contratual como derivação da boa-fé e da cooperação (SCHREIBER, Anderson. *Equilíbrio contratual e dever de renegociar*. 2. ed. São Paulo: Saraiva Educação, 2020. *E-book*).

[142] STJ, REsp nº 977.007/GO, T3, Rel. Min. Nancy Andrighi, j. 24.11.2009, DJe 02.12.2009.

Isso decorre do fato de certos direitos, tanto do contratado quanto do contratante, não poderão ser dispostos pela mera manifestação de vontade, por decorrerem diretamente de previsões legais ou constitucionais. Assim, a resolução de controvérsias envolvendo contratos administrativos não pode desrespeitar o interesse público ou cláusulas contratuais que versem sobre direitos e obrigações essenciais para o contrato.

O próprio art. 151, parágrafo único, da Lei nº 14.133/2021, prevê um rol exemplificativo de questões que envolvem direitos patrimoniais disponíveis: aquelas relacionadas ao restabelecimento do equilíbrio econômico-financeiro, as relativas ao inadimplemento de obrigações contratuais e as vinculadas ao cálculo de indenizações. Todas essas situações podem ser resolvidas com concessões mútuas das partes que solucionem a questão e permitam a continuidade da execução contratual.

Ainda que não haja previsão contratual de meios alternativos de resolução de controvérsias, eles podem ser aditados para permitir a adoção deles, nos termos do art. 153 da Lei nº 14.133/2021. Fez bem o legislador ao não prever simplesmente que os meios alternativos podem ser utilizados independentemente de previsão contratual. A utilização do aditivo é interessante por resultar de um consenso entre os contratantes, ainda que prévio, acerca da utilização desses meios alternativos que são, por natureza, consensuais.

7.3.1 Mediação e conciliação

A mediação é regida pela Lei nº 13.140/2015 e corresponde a uma atividade exercida por um terceiro imparcial sem poder decisório que, escolhido ou aceito pelas partes, tem a função de auxiliar e estimular na identificação ou no desenvolvimento de soluções consensuais para as controvérsias. O artigo 165, §3º, do Código de Processo Civil também trata da mediação e afirma que o mediador atuará preferencialmente nos casos em que houver vínculo anterior entre as partes e auxiliará aos interessados a compreender as questões e os interesses em conflito, de modo que eles possam, pelo restabelecimento da comunicação, identificar, por si próprios, soluções consensuais que gerem benefícios mútuos.

Dessa forma, a mediação é um método alternativo de solução dos conflitos que atua por meio do incentivo à autocomposição. Não há, nesse caso, uma substituição das vontades das partes pelo terceiro imparcial. As partes é que devem querer solucionar o conflito. A Lei nº 13.140/2015 é aplicável à mediação como meio de solução de controvérsias entre particulares e à autocomposição de conflitos no âmbito da Administração Pública, nos termos do seu artigo 1º. A autocomposição no âmbito da Administração Pública está prevista nos artigos 32 a 40 da Lei nº 13.140/2015 e é feita por meio de câmaras de prevenção e resolução administrativa de conflitos criadas pela União, pelos estados, pelo Distrito Federal e pelos municípios, no âmbito dos respectivos órgãos da Advocacia Pública, onde houver. Caso elas não existam, os conflitos poderão ser dirimidos nos termos do procedimento de mediação aplicável aos particulares e previsto na Subseção I da Seção III do Capítulo I da Lei nº 13.140/2015.

Por sua vez, a conciliação também ocorre por meio de um terceiro imparcial sem poder decisório. A diferença, contudo, é que, na conciliação, o conciliador assume uma posição mais ativa, sugerindo soluções para o litígio, nos termos do art. 165, §2º, do Código de Processo Civil.

7.3.2 Arbitragem

A arbitragem é uma forma extrajudicial de solução dos conflitos envolvendo direitos patrimoniais disponíveis, regida pela Lei nº 9.307/1996. Por meio desse procedimento, as partes elegem um terceiro imparcial, que não integra o Poder Judiciário, para solucionar a controvérsia, substituindo a vontade dos litigantes.

Com as alterações promovidas pela Lei nº 13.129/2015, a Lei nº 9.307/1996 passou a permitir expressamente a utilização da arbitragem também pela Administração Pública Direta e Indireta para dirimir conflitos relativos a direitos patrimoniais disponíveis. Dessa maneira, a Lei nº 14.133/2021 consolidou essa possibilidade em relação aos contratos administrativos.

Vale ressaltar que a arbitragem utilizada pelos particulares pode ser de direito ou de equidade, nos termos do art. 2º da Lei nº

9.307/1996. Entretanto, quando envolver a Administração Pública, ela será sempre de direito e respeitará o princípio da publicidade, nos termos do art. 152 da Lei nº 14.133/2021. Logo, não pode a equidade servir de fundamento para a resolução arbitral dos conflitos envolvendo os entes públicos, sendo necessário o respeito ao princípio da legalidade.

7.3.3 Comitê de resolução de disputas

O comitê de resolução de disputas (*Dispute Board*) é mais uma forma de resolução de controvérsias no âmbito dos contratos administrativos. Ele corresponde a um órgão que será composto por especialistas designados, que deverão acompanhar a execução do contrato, participando da tomada de decisões e fazendo recomendações necessárias para resolver conflitos potenciais.[143]

A vantagem dos comitês de resolução de disputas reside no acompanhamento próximo da execução contratual por pessoas especialmente designadas e especializadas. Isso faz com que as controvérsias sejam resolvidas com mais facilidade, antes que se tornem situações mais graves. Além disso, a atuação do comitê é mais flexível e não depende da existência de litigiosidade, já que podem ser feitas simples recomendações às partes, cujo acatamento pode evitar conflitos.

Os procedimentos a serem adotados para os comitês dependerão de regulamentação própria, já que a Lei nº 14.133/2021 não trouxe previsão nesse sentido. Também será possível a previsão da utilização de regras de alguma instituição especializada.

---

[143] ALMEIDA, Bruno Carneiro da Cunha; ALBUQUERQUE, Caio Felipe Caminha de. Meios de resolução de controvérsias na nova lei de licitações. *In*: ALMEIDA, Bruno Carneiro da Cunha (Coord.). *Estudos sobre os meios de resolução de conflitos e a Fazenda Pública*. Rio de Janeiro: Lumen Juris, 2022. p. 40.

REFERÊNCIAS

ALBUQUERQUE, Caio Felipe Caminha de; PEREIRA, Maria Marconiete Fernandes. A influência utilitarista no regime jurídico administrativo brasileiro. *Revista Jurídica Luso-Brasileira*, ano 7, n. 2, p. 229-255, 2021. Disponível em: https://www.cidp.pt/revistas/rjlb/2021/2/2021_02_0229_0255.pdf. Acesso em: 17 mar. 2022.

ALMEIDA, Bruno Carneiro da Cunha; ALBUQUERQUE, Caio Felipe Caminha de. Meios de resolução de controvérsias na nova lei de licitações. *In*: ALMEIDA, Bruno Carneiro da Cunha (Coord.). *Estudos sobre os meios de resolução de conflitos e a Fazenda Pública*. Rio de Janeiro: Lumen Juris, 2022.

ARAÚJO, Edmir Netto de. Atos administrativos e recomposição da ilegalidade. *Revista de Direito Administrativo*, v. 207, p. 163-201, 1997. Disponível em: https://bibliotecadigital.fgv.br/ojs/index.php/rda/article/view/46944. Acesso em: 14 mar. 2022.

ARAÚJO, Fernando. *Teoria Económica do Contrato*. Coimbra: Almedina, 2007.

BINENBOJM, Gustavo. *Uma teoria do direito administrativo*: direitos fundamentais, democracia e constitucionalização. 3. ed. Revista e atualizada. Rio de Janeiro: Renovar, 2014.

BORGES, Alice Gonzalez. Interesse público: um conceito a determinar. *Revista De Direito Administrativo*, [S. l.], v. 205, p. 109-116, 1996. Disponível em: https://bibliotecadigital.fgv.br/ojs/index.php/rda/article/view/46803. Acesso em: 14 mar. 2022.

CALABRESI, Guido. *The Future of Law and Economics*: Essays in Reform and Recollection. Yale: Yale University Press, 2016. E-book.

CALTRANS – California Department of Transportation. *Project Risk Management Handbook*: A Scalable Approach, 2012.

CRETELLA JÚNIOR, José. As cláusulas "de privilégio" nos contratos administrativos. *Revista de Direito Administrativo*, v. 161, p. 7-28, 1985. Disponível em: https://www2.senado.leg.br/bdsf/item/id/181681. Acesso em: 15 out. 2021.

DI PIETRO, Maria Sylvia Zanella. *Direito administrativo*. 26. ed. São Paulo: Atlas, 2013.

FARQUHARSON, Edward *et al*. *How to engage with the private sector in public-private partnerships in emerging markets*. Nova Iorque: World Bank Publications, 2011. *E-book*.

FERRAZ JUNIOR, Tercio Sampaio. *Introdução ao Estudo do Direito*. 4. ed. Revista e ampliada. São Paulo: Atlas, 2003.

GABARDO, Emerson; REZENDE, Maurício Corrêa de Moura. O conceito de interesse público no direito administrativo brasileiro. *Revista Brasileira de Estudos Políticos*, 2017. Disponível em: https://periodicos.ufmg.br/index.php/rbep/article/view/17661. Acesso em: 20 jan. 2022.

GARCIA, Flávio Amaral. A imprevisão na previsão e os contratos concessionais. *In*: MOREIRA, Egon Bockmann (Coord.). *Tratado do equilíbrio econômico-financeiro*: contratos administrativos, concessões, parcerias público-privadas, Taxa Interna de Retorno, prorrogação antecipada e relicitação. Belo Horizonte: Fórum, 2019.

GUIMARÃES, Fernando Vernalha. O equilíbrio econômico-financeiro nas concessões e PPS: formação e metodologias para recomposição. *In*: MOREIRA, Egon Bockmann (Coord.). *Tratado do equilíbrio econômico-financeiro*: contratos administrativos, concessões, parcerias público-privadas, Taxa Interna de Retorno, prorrogação antecipada e relicitação. Belo Horizonte: Fórum, 2019.

HÄBERLE, Peter. Hermenêutica Constitucional – A sociedade aberta dos intérpretes da Constituição: contribuição para interpretação pluralista e "procedimental" da Constituição. *Direito Público*, v. 11, n. 60, p. 25-50, 2014.

HACHEM, Daniel Wunder. A dupla noção jurídica de interesse público em direito administrativo. *A&C – Revista de Direito Administrativo & Constitucional*, v. 11, n. 44, p. 59-110, 2011. Disponível em: http://www.revistaaec.com/index.php/revistaaec/article/view/220. Acesso em: 17 mar. 2022.

IRWIN, Timothy. *Government guarantees*: allocating and valuing risk in privately financed infrastructure projects. Nova Iorque: World Bank Publications, 2007. *E-book*.

ITO, Christian; SOUSA SANTOS, Fábio de. E-Procurement e Contratos inteligentes: desafios da modernização tecnológica da contratação pública no Brasil. *International Journal of Digital Law*, v. 1, n. 2, p. 55-69, 2020. Disponível em: https://journal.nuped.com.br/index.php/revista/article/view/511. Acesso em: 16 set. 2022.

JUSTEN FILHO, Marçal. *Curso de direito administrativo*. 10. ed. rev., atual. e ampl. São Paulo: Editora Revista dos Tribunais, 2014.

KELSEN, Hans. *Teoria pura do direito*. Tradução: João Baptista Machado. São Paulo: Martins Fontes, 1999. Título original: Reine rechtslehre.

KE, Yongjian; WANG, ShouQing; CHAN, Albert PC. Risk allocation in public-private partnership infrastructure projects: comparative study. *Journal of infrastructure systems*, v. 16, n. 4, p. 343-351, 2010.

KLOSS, Eduardo Soto. La contratación administrativa: un retorno a las fuentes clásicas del contrato. *Revista de Administración Pública*, n. 86, 1978. Disponível em: http://www.cepc.gob.es/publicaciones/revistas/fondo-historico?IDR=1&IDN=86&IDA=23062. Acesso em: 17 mar. 2022.

KNIGHT, Frank. *Risk, uncertainty and profit*. Cambridge: The Riverside Press, 1921.

MEDAUAR, Odete. *Direito Administrativo moderno*. 21. ed. Belo Horizonte: Fórum, 2018.

MEIRELLES, Hely Lopes. *Direito Administrativo Brasileiro*. 39. ed. São Paulo: Malheiros, 2013.

MELLO, Celso Antônio Bandeira de. *Curso de Direito Administrativo*. 30. ed. São Paulo: Malheiros, 2013.

MELLO, Celso Antônio Bandeira de. *Discricionariedade e controle jurisdicional*. 2. ed. São Paulo: Malheiros Editores, 2017.

MELLO, Celso Antonio Bandeira de. O conteúdo do regime jurídico-administrativo e seu valor metodológico. *Revista de Direito Administrativo*, v. 89, p. 8-33, 1967. Disponível em: http://bibliotecadigital.fgv.br/ojs/index.php/rda/article/viewFile/30088/28934. Acesso em: 14 mar. 2022.

MELLO, Oswaldo Aranha Bandeira de. Contrato de direito público ou administrativo. *Revista de Direito Administrativo*, [S. l.], v. 88, p. 15-33, 1967. Disponível em: https://bibliotecadigital.fgv.br/ojs/index.php/rda/article/view/29858. Acesso em: 14 mar. 2022.

MOREIRA, Egon Bockmann. Contratos administrativos de longo prazo: a lógica de seu equilíbrio econômico-financeiro. *In*: MOREIRA, Egon Bockmann (Coord.). *Tratado do equilíbrio econômico-financeiro*: contratos administrativos, concessões, parcerias público-privadas, Taxa Interna de Retorno, prorrogação antecipada e relicitação. Belo Horizonte: Fórum, 2019.

NERY JUNIOR, Nelson; SANTOS, Thiago Rodovalho dos. Renegociação contratual. *Revista dos Tribunais*, v. 906, n. 2011, p. 113-156, 2011. Disponível em: https://www.enfam. jus.br/wp-content/uploads/2020/05/Artigo-Renegociac%CC%A7a%CC%83o-contratual-1.4.pdf. Acesso em: 17 mar. 2022.

NOBRE JÚNIOR, Edilson Pereira. *Direito Administrativo Contemporâneo*: temas fundamentais. Salvador: JusPODIVM, 2016.

NÓBREGA, Marcos. Contratos incompletos e infraestrutura: contratos administrativos, concessões de serviço público e PPPs. *Revista brasileira de direito administrativo e regulatório*, v. 1, 2010.

NÓBREGA, Marcos; HEINEN, Juliano. As forças que mudarão a administração pública pós-covid: transparência 2.0; blockchain e smart contracts. *A&C – Revista de Direito Administrativo & Constitucional*, v. 21, n. 85, p. 217-230, 2021.

PECKIENE, Aurelija; KOMAROVSKA, Andzelika; USTINOVICIUS, Leonas. Overview of risk allocation between construction parties. *Procedia Engineering*, v. 57, p. 889-894, 2013.

PORTO, Antônio Maristrello; GAROUPA, Nuno. *Curso de análise econômica do direito*. São Paulo: Atlas, 2020.

POSNER, Eric. *Análise econômica do direito contratual*: sucesso ou fracasso? Tradução: Luciano Benetti Timm. São Paulo: Saraiva, 2010. Título original: Economic analysis of contract law after three decades: success or failure?

ROPPO, Enzo. *O Contrato*. Tradução: Ana Coimbra e M. Januário C. Gomes. Coimbra: Almedina, 2009. Título original: Il Contratto.

SARMENTO, Daniel. *Interesses públicos versus interesses privados*: desconstruindo o princípio de supremacia do interesse público. Rio de Janeiro: Lumen Juris, 2007.

SCHREIBER, Anderson. *Equilíbrio contratual e dever de renegociar*. 2. ed. São Paulo: Saraiva Educação, 2020. *E-book*.

SZKLAROWSKJ, Leon Frejda. Interpretação dos contratos administrativos. *Revista de informação legislativa*, v. 36, n. 144, p. 211-216, out./dez. 1999. Disponível em: https://www2.senado.leg.br/bdsf/item/id/543. Acesso em: 15 set. 2021.

TALEB, Nicholas Nassim. *A lógica do Cisne Negro*: O impacto do altamente improvável. Tradução: Renato Marques de Oliveira. São Paulo: Objetiva, 2021.

TANAKA, Sônia Yuriko Kanashiro. *Concepção dos contratos administrativos*. São Paulo: Malheiros Editores, 2007.

TIMM, Luciano Benetti. *Direito contratual brasileiro*: críticas e alternativas ao solidarismo jurídico. 2. ed. São Paulo: Atlas, 2015.

TORRES, Ronny Charles Lopes de. *Leis de licitações públicas comentadas*. 10. ed. revista. emp. e atualiz. Salvador: Ed. JusPodivm, 2019.

VALLE, Vivian Lima López. *Contratos administrativos e um novo regime jurídico de prerrogativas contratuais na Administração Pública contemporânea*: da unilateralidade ao consenso e do consenso à unilateralidade na relação contratual administrativa. Belo Horizonte: Fórum, 2018.

Esta obra foi composta em fonte Palatino Linotype, corpo 10,5
e impressa em papel Pólen Bold 70g (miolo) e Supremo 250g
(capa) pela Gráfica Formato, em Belo Horizonte/MG.